CHICO XAVIER

À SOMBRA DO ABACATEIRO

CATANDUVA, SP • 2023

CHICO XAVIER
À SOMBRA DO ABACATEIRO

SABEDORIA QUE ALIMENTA A VIDA

**CARLOS BACCELLI
CHICO XAVIER
ESPÍRITO EMMANUEL**

SE, ENTRE OS CHAMADOS
PARA O ESPIRITISMO, MUITOS
SE TRANSVIARAM, QUAIS OS SINAIS
PELOS QUAIS RECONHECEREMOS
OS QUE SE ACHAM NO BOM CAMINHO?

RECONHECÊ-LOS-EIS PELOS
PRINCÍPIOS DA VERDADEIRA
CARIDADE QUE ELES
ENSINARÃO E PRATICARÃO.
RECONHECÊ-LOS-EIS PELO
NÚMERO DE AFLITOS
A QUE LEVEM CONSOLO;
RECONHECÊ-LOS-EIS PELO
SEU AMOR AO PRÓXIMO,
PELA SUA ABNEGAÇÃO,
PELO SEU DESINTERESSE
PESSOAL; RECONHECÊ-LOS-EIS,
FINALMENTE, PELO TRIUNFO
DE SEUS PRINCÍPIOS,
PORQUE DEUS QUER
O TRIUNFO DE SUA LEI [...]

ERASTO
[O EVANGELHO SEGUNDO O
ESPIRITISMO, CAP. XX, ITEM 4]

SUMÁRIO

A
APRESENTAÇÃO
14

1
O CHORO DE CHICO
16

2
O QUE ME INTERESSA NA TERRA?
20

3
UMA LENDA HINDU
24

4
A LIÇÃO DA CHUVA
28

5
FATOR ESPERANÇA
34

6
EXCESSO DE CONFORTO
40

7
SOMOS TODOS IRMÃOS
46

8
CIÊNCIA DA PAZ
50

9
SOFRER SEM MOSTRAR SOFRIMENTO
54

10
CRISTO APLICADO
58

11
LIÇÕES DE CHICO
64

12
MÃE-NATUREZA
70

13
PACIÊNCIA
COM A FELICIDADE
DOS OUTROS
74

14
SOFRIMENTO
E FELICIDADE
80

15
ÓRFÃOS DO AMOR
86

16
CÉU ABERTO
90

17
LARGANDO
A PREGAÇÃO
96

18
DEVER DE SER ÚTIL
102

19
CÉREBRO E CORAÇÃO
108

20
OFICINA DA
MISERICÓRDIA
112

21
AMIGO ALTERADO
118

22
FEBRE-DESESPERO
124

23
NECESSIDADE
DE SER ÚTIL
128

24
O OUTRO LADO
DA CRUZ
134

25
CIÊNCIA DA VIDA
138

26
FORÇA PARA
FAZER O BEM
144

27
O GRANDE PROBLEMA
DA ATUALIDADE
148

28
PERDÃO
DA NATUREZA
152

29
COMPREENDER
E TRABALHAR
158

30
A CRUZ DE FERRO
E A CRUZ DE PALHA
162

31
SE MULETA FOR ASA,
EU ESTOU VOANDO
168

32
O JUGO DO MUNDO
E O JUGO DO CRISTO
174

33
CHICO XAVIER
À LUZ DAS ESTRELAS
180

34
O JUGO LEVE
E O JUGO FORTE
184

35
PERDOAR OS AMIGOS
190

36
PENSAR NO MÍNIMO
196

37
DEVER DE CARIDADE
200

38
O LUGAR DO JUIZ
206

39
37 ZEROS!
210

40
MORDOMIA
214

41
DA MANTEIGA
EM DIANTE
222

42
DOENÇA DO ESPÍRITO
NÃO DÓI
226

43
TOCADOS
NO CORAÇÃO
230

44
NADAR NO AMOR
DOS AMIGOS
236

45
CIMENTO DE UNIÃO
242

46
NÃO SOFREMOS
PARA SER VENCIDOS
248

47
ESFORÇO E ESSÊNCIA
252

48
TRICAS DO
EVANGELHO
256

49
ALÍVIO PARA
A MARCHA
260

50
A CÓLERA
264

51
QUEDA PELA
INTELIGÊNCIA
268

Í
ÍNDICE
278

APRESENTAÇÃO

ESTE LIVRO FOI ESCRITO SEMANA APÓS semana, no espaço de seis anos, de 1980 a 1985. Aqui estão reunidos 51 capítulos que selecionamos, entre muitos outros que nos foi possível registrar ao longo desse tempo, em nossos inesquecíveis encontros com Chico Xavier, à sombra do abacateiro.

Desejamos esclarecer que as preleções do nosso querido Chico foram sendo anotadas por nós enquanto ele as proferia, sob a inspiração de Emmanuel, sem que nos valêssemos de gravador. Assumimos o papel voluntário de um simples "secretário", interessado em passar para os amigos os temas de nossos diálogos, para que essas pérolas doutrinárias geradas pelo fiel medianeiro do Cristo não se perdessem, o que seria profundamente lamentável.

Lendo os capítulos deste volume, os irmãos haverão de compreender os nossos esforços e perdoar as nossas muitas falhas.

Estas anotações, reconhecemos, poderiam ser melhores e mais completas, mas fizemos o que estava ao nosso alcance e, de certa forma, esse pensamento nos tranquiliza.

Ao transcrever as palavras do nosso Chico não fazemos qualquer revisão, mesmo porque não temos autoridade para tal. Se em algum ponto as ideias parecem não concatenar, numa sequência lógica, isso se deve a falhas nossas nas anotações. Todavia, o que nos deve interessar é o pensamento, o ensinamento primoroso que o seu verbo privilegiado nos transmite.

Esclarecemos ainda que cerca de quarenta capítulos aqui apresentados foram publicados originariamente na revista *Presença espírita*, editada pela LEAL, de Salvador, Bahia, a cujos diretores agradecemos sensibilizadamente.

Durante esses seis anos recebemos inúmeras cartas de todo o Brasil, de confrades e confreiras, que nos solicitavam transformar em livro as nossas despretensiosas crônicas; outros nos escreviam contando que os assuntos de nossas reuniões em Uberaba, MG, lhes serviam de roteiro em palestras e cultos no lar.

Um trabalho tão importante quanto ao que o nosso Chico realiza no abacateiro, que tem inspirado a formação de dezenas de núcleos semelhantes, até mesmo no exterior, não poderia, digamos, ficar sem registro em livro, incorporando-se em definitivo aos anais da doutrina.

Não vamos nos deter em mais explicações, porquanto, embora independentes uns dos outros, os 51 capítulos deste livro se encarregarão de nortear o leitor que nos der a honra e a alegria de correr os olhos por estas páginas.

Aqui então fazemos ponto final, para deixá-los na companhia de Chico Xavier e Emmanuel, mas não sem antes agradecer a Jesus por mais esta oportunidade que conferiu ao menor de seus servos.

CARLOS BACCELLI
Uberaba, MG, 10 de janeiro de 1986
59º ano do mandato mediúnico de Chico Xavier

O CHORO DE CHICO

*Em todas as circunstâncias, Jesus põe a humildade
na categoria das virtudes que aproximam de Deus
e o orgulho entre os vícios que dele afastam a criatura [...]
Mais vale, pois, que o homem, para felicidade
do seu futuro, seja pobre em espírito, conforme
o entende o mundo, e rico em qualidades morais.*

ALLAN KARDEC
[*O Evangelho segundo o espiritismo*, cap. VII, item 2]*

RECORDAMO-NOS BEM.
Foi num sábado do ano de 1980.

Como sempre, uma multidão aguardava-o à sombra do abacateiro.

Alguns amigos estavam ocupados preparando os víveres que seriam repartidos a instantes.

Ao chegar, Chico é recebido com aplausos. Desconcerta-se...

A reunião tem início.

Os companheiros são convidados aos comentários. Alguém, no entanto, toma a palavra e começa a falar.

---

*. KARDEC, Allan. *O Evangelho segundo o espiritismo*. Tradução: Guillon Ribeiro. 131 ed. Brasília: FEB, 2013. [Referência para todas as citações deste livro.]

Identifica-se como sendo representante da Câmara Municipal de Casa Branca, estado de São Paulo.

Ali estava para entregar ao sr. Francisco Cândido Xavier o título de cidadão daquela cidade.

De fato, Casa Branca há muito conferira ao Chico o referido laurel, porém, devido a problemas de saúde, ele não fixara a data em que pudesse ir à simpática cidade para receber, *em nome dos espíritas*, a homenagem.

E o vereador falava empolgado: "... como o nosso Chico não pode ir à Casa Branca, vimos até ele".

Tecia elogios e mais elogios. Exaltava, diga-se de passagem, com muita justiça, a figura de Chico Xavier, afirmando ter sido ele, em outras vidas, a jovem Flávia, filha do senador Públio Lentulus...

Chico permanecia calado, olhos fixos no chão movimentando a cabeça como se estivesse a dizer para si mesmo: "Não, não..."

Inflamado, o vereador continuava... Colocou o Chico no mesmo nível de Emmanuel...

Neste momento, Chico cochicha algo com o sr. Weaker e este dá um discreto sinal para que o companheiro que falava encerrasse o seu pronunciamento.

Tomando, agora, a palavra, Chico começa a falar e... a chorar.

Pena que, naquela oportunidade, não tivéssemos um gravador acionado.

Chico fala, muito emocionado, de suas imperfeições, de seus deslizes, de suas lutas. Diz que queria deixar bem claro para a posteridade que ele não era a reencarnação de

Flávia, a filha de Emmanuel em outras era, que ele nem mesmo pertencia à faixa evolutiva de Emmanuel...

Todos choram, até mesmo o bailado das folhas do abacateiro, às flautas do vento, cessa...

Chico, enxugando as lágrimas, falou que Emmanuel nunca lhe permitira qualquer intimidade, que ele agradecia aos Espíritos amigos por terem-no permitido servir na mediunidade, através da qual ressarcia as suas dívidas e que se felicitava apenas dos muitos amigos que o espiritismo lhe proporcionava.

Agradecendo aos amigos de Casa Branca, pedia permissão para recusar, ali, a entrega do título, pois seria uma falta de respeito para com a comunidade daquela cidade, e que, quando pudesse, iria pessoalmente recebê-la, a fim de agradecer a generosidade dos corações amigos e abnegados que homenagearam a doutrina espírita em sua pessoa...

Num clima de grande emotividade, em que cada um de nós avaliávamos melhor a grandeza de Chico Xavier, encerrou-se a reunião com uma prece.

...E o Chico foi distribuir aos necessitados o pão e o sorriso, a roupa e a esperança, em nome do Senhor.

Ele cumprimentava, um por um, "os filhos do Calvário", chamando-os pelo nome, perguntando-lhes pela família, beijando-lhes as mãos...

CHICO COMEÇA A FALAR E...
A CHORAR.

FALA, MUITO EMOCIONADO,
DE SUAS IMPERFEIÇÕES,
DE SEUS DESLIZES,
DE SUAS LUTAS.

TODOS CHORAM,
ATÉ MESMO O BAILADO
DAS FOLHAS DO ABACATEIRO,
ÀS FLAUTAS DO VENTO, CESSA...

ENXUGANDO AS LÁGRIMAS,
CHICO AGRADECIA AOS ESPÍRITOS
AMIGOS POR TEREM-NO PERMITIDO
SERVIR NA MEDIUNIDADE, ATRAVÉS
DA QUAL RESSARCIA AS SUAS
DÍVIDAS, E SE FELICITAVA APENAS
DOS MUITOS AMIGOS QUE O
ESPIRITISMO LHE PROPORCIONAVA.

O QUE ME INTERESSA NA TERRA?

A ideia clara e precisa que se faça da vida futura proporciona inabalável fé no porvir, fé que acarreta enormes consequências sobre a moralização dos homens, porque muda completamente o ponto de vista sob o qual encaram eles a vida terrena. Para quem se coloca, pelo pensamento, na vida espiritual, que é indefinida, a vida corpórea se torna simples passagem, breve estada num país ingrato.

ALLAN KARDEC
[O Evangelho segundo o espiritismo, cap. ii, item 5]

ESTA LIÇÃO QUE PASSAMOS PARA O PA-pel não ocorreu propriamente à sombra do frondoso abacateiro onde, habitualmente, Chico Xavier realizava o culto evangélico, em pleno coração da natureza.

O que iremos narrar, tão fielmente quanto possível, ouvimos num sábado à noite de 1981 no Grupo Espírita da Prece, logo após o contato fraterno com os irmãos que residem nas imediações da Mata do Carrinho, o novo local onde as nossas reuniões vespertinas passaram a ser realizadas.

Um casal aproximou-se do Chico; o pai sustentando uma criança de um ano e meio nos braços, acompanhado por distinto médico espírita de Uberaba, MG.

A mãe permaneceu a meia distância, em mutismo total, embora com alguma aflição no semblante.

O médico, adiantando-se, explicou o caso ao Chico: a criança, desde que nasceu, sofre sucessivas convulsões, tendo que ficar sob o controle de medicamentos, permanecendo dormindo a maior parte do tempo; em consequência, mal consegue engatinhar e não fala.

Após dialogarem durante alguns minutos, o Chico perguntou ao nosso confrade a que diagnóstico havia chegado.

— Para mim, trata-se de um caso de autismo – respondeu ele.

O Chico disse que o diagnóstico lhe parecia bastante acertado, mas que convinha diminuir os anticonvulsivos mesmo que tal medida, a princípio, intensificasse os ataques. Explicou, detalhadamente, as contraindicações do medicamento no organismo infantil. Recomendou passes.

— Vamos orar – concluiu.

O casal saiu visivelmente mais confortado, mas, segurando o braço do médico nosso confrade, Chico explicou a todos que estávamos ali mais próximos:

O autismo é um caso muito sério, podendo ser considerado uma verdadeira calamidade. Tanto envolve crianças quanto adultos. Os médiuns também, por vezes, principalmente os solteiros, sofrem desse mal, pois que vivem sintonizados com o mundo espiritual, desinteressando-se da Terra...

É preciso que alguma coisa nos prenda no mundo, porque, senão, perdemos a vontade de permanecer no corpo...

E Chico exemplificou com ele mesmo:

Vejam bem: o que é que me interessa na Terra? A não ser a tarefa mediúnica, nada mais. Dinheiro, eu só quero o necessário para sobreviver; casa, eu não tenho o que fazer com mais de uma... Então, eu procuro me interessar pelos meus gatos e meus cachorros. Quando um adoece ou morre, eu choro muito, porque, se eu não me ligar em alguma coisa, eu deixo vocês...

Ele ainda considerou que muitos casos de suicídios têm as suas raízes no autismo porque a pessoa vai perdendo o interesse pela vida, inconscientemente deseja retornar à pátria espiritual, e para se libertar do corpo, que considera uma verdadeira prisão, força as portas de saída...

E o Chico falou ao médico:

É preciso que os pais dessa criança conversem muito com ela, principalmente a mãe. É necessário chamar o Espírito para o corpo... Se não agirmos assim, muitos Espíritos não permanecerão na carne, porque a reencarnação para eles é muito dolorosa...

Evidentemente que não conseguimos registrar tudo, mas a essência do assunto é o que está exposto aqui.

E ficamos a meditar na complexidade dos problemas humanos... e na sabedoria de Chico Xavier.

Quando ele falava de si, ilustrando a questão do autismo, sentimo-lo como um pássaro de luz encarcerado numa gaiola de ferro, renunciando à paz da grande floresta para entoar canções de imortalidade aos que caíram, invigilantes, no visgo do orgulho ou no alçapão da perturbação.

Nesta noite, sem dúvida, compreendemos melhor Chico Xavier e o admiramos ainda mais.

De fato, pensando bem, o que é que pode interessar na Terra, a não ser o trabalho missionário em nome do Senhor, ao Espírito que já não pertence mais à sua faixa evolutiva?!

O Espírito daquela criança sacudia o corpo que convulsionava, na ânsia de libertar-se...

Sem dúvida, era preciso convencer o Espírito a ficar... Tentar dizer-lhe que a Terra não é tão cruel assim... Que precisamos trabalhar pela melhoria do homem... ▐

O QUE É QUE ME INTERESSA NA TERRA? A NÃO SER A TAREFA MEDIÚNICA, NADA MAIS. DINHEIRO, EU SÓ QUERO O NECESSÁRIO PARA SOBREVIVER; CASA, EU NÃO TENHO O QUE FAZER COM MAIS DE UMA... ENTÃO, EU PROCURO ME INTERESSAR PELOS MEUS GATOS E MEUS CACHORROS. QUANDO UM ADOECE OU MORRE, EU CHORO MUITO, PORQUE, SE EU NÃO ME LIGAR EM ALGUMA COISA, EU DEIXO VOCÊS...

UMA LENDA HINDU

Por estas palavras: Bem-aventurados os aflitos, pois que serão consolados, Jesus aponta a compensação que hão de ter os que sofrem e a resignação que leva o padecente a bendizer do sofrimento, como prelúdio da cura.
ALLAN KARDEC
[*O Evangelho segundo o espiritismo*, cap. v, item 12]

AQUELA TARDE DE SÁBADO DE 1981 MOStrava-se fria e chuvosa.

Todos estávamos bem agasalhados, contrastando com a fila imensa dos irmãos necessitados que estavam expostos às intempéries, dizendo sem palavras do quanto ainda há por fazer. As crianças se reuniam em torno de fogueiras improvisadas... Mas em todos os semblantes existia alegria.

Chico, como sempre, contagiava-nos com o seu bom humor.

Uma senhora já bastante idosa, moradora do bairro, varou a multidão para beijar aquelas abençoadas mãos. Chico chamou-a pelo nome, perguntou se tudo ia bem. Ela se retirou feliz, falando baixinho: "Ele é um pai pra mim. Quando meu marido morreu, foi ele quem cuidou de tudo..."

Cremos que a nossa crônica poderia encerrar-se por aqui, tal o material de reflexão que o depoimento espontâneo daquela irmã nos oferece, mas convém que avancemos.

Feita a prece inicial, *O Evangelho segundo o espiritismo* no seu cap. v, "Bem-aventurados os aflitos", nos chamou a atenção para a seção "Motivos de resignação".

Companheiros vários são convidados à palavra pelo tempo de dois a quatro minutos.

Esse sistema de comentários, já tivemos oportunidade de analisar, é o que melhor funciona, pois, além de prender a atenção dos ouvintes, em quatro minutos é-nos possível sintetizar a mensagem que desejamos transmitir e, depois, cada um aborda o tema por prisma diferente.

Após os primeiros comentários, um confrade mencionou a resignação dos primitivos cristãos, testemunhando, nas arenas do sacrifício, a fé nas palavras do Senhor. Citou o romance de Emmanuel *Há dois mil anos*, mostrando a vitória da resignação de Lívia ante o orgulho do senador Públio Lentulus...

Outro exaltou a excelência da doutrina espírita, que nos enseja vários motivos de resignação.

A palavra de Chico Xavier, aguardada com expectativa, fez-se ouvir agora naquele ambiente de paz.

E ele contou uma lenda hindu, em que dois irmãos desejavam conquistar a pureza, seguir a trilha dos *mahatmas*:

> Combinaram que, depois de vinte anos, ambos deveriam encontrar-se naquele mesmo local.
>
> Cada qual seguiu o seu caminho.
>
> Um se isolou do mundo, mergulhando na meditação e na prece.

O outro voltou para casa, lutando com as dificuldades naturais da família.

O tempo correu.

Vinte anos haviam se passado, quando os dois irmãos, fiéis à palavra empenhada, reuniram-se no mesmo lugar.

O primeiro, o que se havia isolado, não reconheceu o segundo, tal o estado deplorável de imundície em que se encontrava; estava sujo, rasgado, seguido por um grande séquito de necessitados...

O primeiro exibia uma túnica muito alva e refletia grande segurança.

Depois de se identificarem, foram à presença de um anjo do Senhor que somaria as dúvidas quanto ao aproveitamento de ambos, nas lutas da vida.

A escolha recaiu sobre o segundo, o que havia voltado para o convívio familiar, expondo-se às tentações.

— Mas, anjo bom – disse o primeiro –, eu alcancei a pureza máxima, ao passo que o meu irmão traz o joelho ralado pelas sucessivas quedas... Eu consegui atravessar o Ganges sem sequer tocar os pés na água...

O Espírito iluminado, depois de ouvi-lo, falou melancolicamente:

— Ah! meu irmão, para atravessar o Ganges sem molhar os pés, bastaria que você construísse uma pinguela!...

A lição nos tocou bem fundo a alma.

Com a prece final, fomos todos dar o nosso abraço de amizade aos irmãos que nos aguardavam, na certeza de que o melhor processo de avançar será sempre *trabalhar e esperar.*

— MAS, ANJO BOM, EU ALCANCEI A PUREZA MÁXIMA, AO PASSO QUE O MEU IRMÃO TRAZ O JOELHO RALADO PELAS SUCESSIVAS QUEDAS... EU CONSEGUI ATRAVESSAR O GANGES SEM SEQUER TOCAR OS PÉS NA ÁGUA...

O ESPÍRITO ILUMINADO, DEPOIS DE OUVI-LO, FALOU MELANCOLICAMENTE:

— AH! MEU IRMÃO, PARA ATRAVESSAR O GANGES SEM MOLHAR OS PÉS, BASTARIA QUE VOCÊ CONSTRUÍSSE UMA PINGUELA!...

A LIÇÃO DA CHUVA

*Do ponto de vista terreno, a máxima: Buscai
e achareis é análoga a esta outra: Ajuda-te a ti
mesmo, que o céu te ajudará. É o princípio da lei
do trabalho e, por conseguinte, da lei do progresso,
porquanto o progresso é filho do trabalho, visto
que este põe em ação as forças da inteligência.*
ALLAN KARDEC
[*O Evangelho segundo o espiritismo*, cap. xxv, item 2]

NA TARDE DE 28 DE MARÇO DE 1981, CHO-via muito em Uberaba, MG.

Pacientemente, Chico esperava que o aguaceiro cessasse.

A copa frondosa do abacateiro oferecia precário abrigo para todos os que ali nos reuníamos ávidos por aprender.

A reportagem do programa *Fantástico*, da TV *Globo*, do Rio de Janeiro, filmava tudo de dentro de um carro de aluguel.

Como sempre, várias caravanas de diversos estados estavam presentes, notadamente de Curitiba, PR.

A chuva amaina, e o sr. Weaker convida-nos ao início da reunião na Vila dos Pássaros-Pretos.

A prece, como de hábito, é proferida pelo prof. Thomaz.

Chico toma a palavra e explica que o culto se divide em duas partes: a primeira, dos comentários em torno de uma página de *O Evangelho segundo o espiritismo*; a segunda, "o encontro com os amigos que nos hospedam…"

O Evangelho segundo o espiritismo convida-nos a examinar o cap. xxv, "Buscai e achareis".

Cada companheiro convidado aos comentários por orientação de Chico não deve exceder ao tempo de quatro minutos, "para que tenhamos um maior número de opiniões em torno do texto lido".

Uma confreira, fazendo uso da palavra, observa que "é pelo trabalho que caminhamos rumo à conquista do amor"; alguém assinala que o trabalho, conjugado à oração, constitui excelente antídoto contra a tentação; por nossa vez, acentuamos que o trabalho, longe de ser uma expiação, é uma bênção de Deus; Gasparetto, também presente à tarefa, destaca o trabalho como terapia; Zíbia Gasparetto, médium de psicografia que todos admiramos, adverte-nos para o trabalho de nos conhecermos intimamente; Langerton, o amigo de Peirópolis [bairro rural de Uberaba, MG] diz que "o trabalho é a nossa âncora"; Márcia comenta que o "ajuda-te" é mensagem para que tenhamos iniciativa própria e que "o céu te ajudará" traduz a confiança que devemos depositar na providência divina...

Apesar da chuva, os nossos irmãos carentes, entre eles muitas crianças e velhinhos, não arredaram o pé da fila que daí a instantes seria beneficiada com os óbolos da fraternidade, numa demonstração eloquente de que ali estão por necessidade e não por ociosidade, como divulgam alguns adversários da caridade.

Agora, era chegado o grande momento: Chico Xavier, inspirado por Emmanuel, ia falar.

Apesar de completamente ensopados, inclusive o Chico molhara-se um pouco, procuramos colocar-nos na máxima condição de receptividade para ouvir.

Aos beijos do sol, um arco-íris emoldura o templo da natureza.

Chico fala:

Estamos aqui reunidos, sob a chuva, para nos conhecer com mais segurança.

Estamos numa hora de confrontação. [...]

Quantos não gostariam de estar trabalhando sob a chuva?

Quantos enfrentam o problema da terra ressequida?...

A calamidade da seca é comparável a dos terremotos...

Há mais de dois anos não chovia em sete estados da federação.

Em João Monlevade, Minas Gerais, centenas de operários lidam com o aço em fogo, nas grutas...

Eu conheço moças que trabalham em boates para sustentar mães que estão em sanatórios...

... os que trabalham no clima da calúnia, em busca do numerário para obtenção do pão de cada dia...

Nós não vamos esquecer essa chuva como lição-advertência.

Hoje vamos retornar aos nossos lares com um conhecimento mais amplo de uns para com os outros. [...]

A facilidade, ao que nos parece, nunca ensinou nada a ninguém.

Pela primeira vez, há quinze dias aconteceu um desastre com algumas companheiras nossas quando retornavam a São Paulo, após orarmos no Grupo Espírita da Prece.

Muitos, certamente, irão falar...

Mas estarão se esquecendo de agradecer as milhares de reuniões, dos dias em que não houve nada...

A chuva é uma amiga que também veio enfeitar o nosso culto, para termos a sensação dos que estão debaixo das pontes, dos casebres, dos andarilhos... Esta, ao meu ver – encerrou o Chico –, é a nossa maior lição desta tarde.

Sim, não havia o que reclamar.

E a chuva, na voz de Chico Xavier, transformara-se em lição.

A água das nuvens lavara-nos o exterior, mas a água dos céus carreara, com o enxurro, mais alguns dos detritos que enodoam as nossas almas.

ESTAMOS AQUI REUNIDOS, SOB A CHUVA, PARA NOS CONHECER COM MAIS SEGURANÇA.

QUANTOS NÃO GOSTARIAM DE ESTAR TRABALHANDO SOB A CHUVA?

QUANTOS ENFRENTAM O PROBLEMA DA TERRA RESSEQUIDA?...

A CALAMIDADE DA SECA É COMPARÁVEL A DOS TERREMOTOS...

NÓS NÃO VAMOS ESQUECER ESSA CHUVA COMO LIÇÃO-ADVERTÊNCIA.

A FACILIDADE, AO QUE NOS PARECE, NUNCA ENSINOU NADA A NINGUÉM.

FATOR ESPERANÇA

[...] aquele que está certo de que só é desventurado por um dia e que melhores serão os dias que hão de vir, enche-se facilmente de paciência. Só se desespera quando nenhum termo divisa para os seus sofrimentos. E que é a vida humana, com relação à eternidade, senão bem menos que um dia?
ALLAN KARDEC
[*O Evangelho segundo o espiritismo*, cap. v, item 15]

ESTÁVAMOS TODOS REUNIDOS SOB A copa amiga do abacateiro na tarde de 11 de abril de 1981.

A paisagem em torno é um tanto agreste.

O local do culto evangélico ao ar livre fica perto do aeroporto. De quando em vez, possantes aeroplanos fazem manobras, alguns chegando, outros partindo.

Antes da reunião fomos apresentados a duas simpáticas norte-americanas, mãe e filha que, estando no Brasil, aproveitaram para ver Chico Xavier, o maior paranormal do mundo.

Sim, ele, Chico, é o alvo de todas as atenções e é aguardado como a presença da própria paz.

O sr. Weaker toma as iniciativas derradeiras, observando se tudo está em ordem.

De repente, alguém exclama: "O Chico está chegando!"

Todos nos voltamos para a cerca de entrada e o aplauso se faz espontâneo. É a maneira do coração manifestar sua alegria a quem tem proporcionado tanta alegria a incontáveis corações.

Chico agradece e meneia negativamente a cabeça... Recordamo-nos de que no dia 2 daquele mês, ele completara 71 anos de abençoada existência física. Naquela semana, como sempre ocorre às vésperas de seu natalício, ele não atendera, fugindo às inevitáveis homenagens...

Agora, o culto vai começar.

Chico escolhe a lição que servirá de tema para a tarde. Observando-o bem, vejo-o movimentar discretamente os lábios. Para muitos, monologa; mas, para nós, já habituados ao fato, ele dialoga com os Espíritos...

O prof. Thomaz é convidado à prece inicial.

O Evangelho segundo o espiritismo oferta-nos à meditação o cap. v, "Bem-aventurados os aflitos", na seção "O suicídio e a loucura".

Certa vez, o Chico explicou-nos que o tema escolhido obedece, por indicação dos Espíritos, à medida das necessidades dos presentes à reunião.

Após ele ter feito a leitura, embora com a voz um pouco baixa, mas que tem melhorado com as aplicações da acupuntura, o sr. Weaker começa a convidar alguns amigos ao exame do texto lido.

O dr. Caio Ramacciotti, filho do nosso inesquecível companheiro Rolando, de São Bernardo do Campo, SP, lembra Alphonsus de Guimaraens, em mensagem, quando considera que "a dor talha a perfeição".

Usando também da palavra lembramos que a missão precípua do espiritismo é combater o materialismo.

Dona Zilda Rosin, também ali conosco, enfocou o assunto pelo prisma da obsessão, ressaltando o valor da vida.

Agora, a palavra é concedida à dona Altiva Noronha, nossa confreira, de Uberaba, MG, que se refere à data natalícia do Chico. Comovidamente, agradece, em nome de todas as mães, as bênçãos nascidas das mãos de Chico Xavier pelo consolo, pela esperança.

Chico desconcertou-se, mas todos estávamos felizes por dona Altiva ter tido a coragem de, à queima-roupa, endereçar-lhe palavras tão bem colocadas e, sobretudo, tão justas.

Depois que alguns mais usaram a palavra, inclusive dona Aurora, uma simpática espanhola de cabelos brancos, e Márcia, minha esposa, Chico pede para falar.

Fala, agradecendo a bondade de todos:

As palavras de nossa irmã dona Altiva – disse, comovido – valem como um convite para que eu venha a ser aquilo que preciso ser.

E prossegue:

Sei que devo trabalhar... Há mais de cem anos, Allan Kardec ajudou-nos a superar os problemas humanos...

Exaltando o valor da doutrina espírita, ponderou que quase todos nós, diariamente, sofremos pequenos traumatismos, e que, somados, no fim da semana representam uma carga muito grande, exigindo que a pessoa tem que mostrar não apenas estrutura, mas também infraestrutura.

Com os olhos fitos no alto, Chico continua:

A infraestrutura é a confiança em Deus. Devemos ter o nosso íntimo iluminado pelo Poder Supremo que nos governa. Precisamos criar o fator esperança, ter paciência, a paciência que descobre caminhos, sem alarde, para ajudar aos outros e a nós mesmos...

Todos estávamos embevecidos com a sua dissertação que, segundo sua própria expressão, reflete o pensamento de Emmanuel.

Criar o fator esperança!...

Sim, a esperança é uma força, um fator de vitória...

Chico fornecera-nos excelente material para a meditação. Suas palavras, carregadas de magnetismo, atingiam-nos os corações pelos caminhos da razão.

Terminando, ele agradece uma vez mais a lembrança de dona Altiva:

O nosso aniversário não tem importância nenhuma. Esta data já ficou estranha...

E, num gesto característico seu, que é levar a mão à boca, sorriu qual uma criança feliz.

A PESSOA TEM QUE MOSTRAR
NÃO APENAS ESTRUTURA,
MAS TAMBÉM INFRAESTRUTURA.

A INFRAESTRUTURA É A CONFIANÇA
EM DEUS. DEVEMOS TER O NOSSO
ÍNTIMO ILUMINADO PELO PODER
SUPREMO QUE NOS GOVERNA.
PRECISAMOS CRIAR O FATOR
ESPERANÇA, TER PACIÊNCIA,
A PACIÊNCIA QUE DESCOBRE
CAMINHOS, SEM ALARDE,
PARA AJUDAR AOS OUTROS
E A NÓS MESMOS...

EXCESSO DE CONFORTO

*Alegrai-vos quando Deus vos enviar para a luta.
Não consiste esta no fogo da batalha, mas nos amargores
da vida, em que, às vezes, de mais coragem se há mister
do que num combate sangrento, porquanto não é raro
que aquele que se mantém firme em presença
do inimigo fraqueje nas tenazes de uma pena moral.*
LACORDAIRE
[*O Evangelho segundo o espiritismo*, cap. v, item 18]

NO DIA 18 DE ABRIL DE 1981, COMEMORA-mos 124 anos de *O livro dos Espíritos*. Ali, à sombra do abacateiro, em conversa amiga com vários confrades de outras cidades, aguardávamos a presença de Chico Xavier. Como sempre acontece, muitas caravanas estavam presentes. Alguém tocava a inspirada melodia do poema *Alma gêmea*, que Emmanuel fizera para Lívia...

O ambiente era de muita paz.

O Lar da Caridade, ex-Hospital do Pênfigo, de Uberaba, MG, enviara uma camioneta carregada de sacos de macarrão para repartir com "os pobres mais pobres". Maravilhoso exemplo! Uma instituição que ampara perto de 500 pessoas, que luta com dificuldades, preocupando-se também com os que nem sequer têm onde morar, ajudando outros grupos...

Em meio a esse clima de amor, Chico chega e é recebido com palmas, que agradece desconcertado.

Com voz pausada, ele lê o texto da mensagem evangélica da tarde: cap. v, "Bem-aventurados os aflitos", seção "Bem e mal sofrer". Vários companheiros são convidados pelo sr. Weaker a tecer comentários sobre o assunto e, enquanto tal ocorre, percebo que Chico dialoga baixinho com os Espíritos; eu o vejo movimentando os lábios, como que a monologar...

Perto de mim, ouço uma senhora dizendo: "Eu gostaria de chegar mais perto dele, mas de que jeito?"

Do outro lado, uma criança, sustentada no colo por sua mãe, oferta ao Chico um ramalhete de flores silvestres; ele sorri e agradece; depois, discretamente, guarda as flores no bolso de dentro do paletó, perto do coração...

Quantos, ali, não daríamos tudo por cinco minutos mais intimamente com ele?!

Parece que, percebendo o anseio de cada um, Chico pede para falar por alguns minutos:

Eu gostaria de oferecer-lhes, pessoalmente, mais tempo. Às vezes, a gente comete a falta da ingratidão sem desejar. [...]

Tenho procurado cumprir com os meus deveres para com os Espíritos amigos e para com os espíritas amigos.

E ele fala do seu estado de saúde atual, do tempo reduzido que ainda lhe resta no corpo:

> Eu me contento com a alegria de vê-los a todos; gostaria de me sentar com cada um para conversar sobre as nossas tarefas...

E pede perdão por estar doente!...
Emmanuel, presente ao culto, pede agora ao Chico que fale um pouco sobre o tema de *O Evangelho segundo o espiritismo*:

> À medida que a providência divina determina melhoras para nós, na Terra, inventamos aflições. [...] Para cultivar o solo temos o auxílio do trator, antes só possuíamos carros de bois... Hoje, temos veículos motorizados encurtando distâncias, mas não nos contentamos com os 80 km/h; antes, andava-se a pé... Hoje, a geladeira conserva quase tudo; antes, plantava-se canteiros...

Fala do conforto em que o homem vive e do seu comodismo espiritual:

> É que precisamos de contentar-nos com o que temos; estamos ricos, sem saber aproveitar a nossa felicidade... Antes, as pessoas idosas desencarnavam conosco, hoje as mandamos para os abrigos... Tínhamos um pouco de prosa durante o dia, a oração à noite... Agora inventamos dificuldades e depois vem o complexo de culpa e vamos

para os psiquiatras. [...] Se estamos numa fila e uma senhora doente nos pede o lugar, precisamos cedê-lo. Recordemo-nos da prece padrão para todos os tempos que é o pai-nosso, quando Jesus nos diz: "O pão nosso de cada dia..." Por que acumular tanto? Existem pessoas que possuem 35 pares de sapatos; onde é que irão arrumar 70 pés?! [...] Estamos sofrendo mais por excesso de conforto do que por excesso de desconforto. Morre muito mais gente de tanto comer e de tanto beber do que por falta de comida. [...] A inflação existe porque queremos o que é demais...

E conclui:

Esta é a opinião dos Espíritos. Perdoem-me se eu falei mal, mas se eu falei mal, falei foi de mim.

Quando terminou a alocução, podia-se ouvir uma mosca voar, tal a forte impressão que deixara em nós todos.

Chico está coberto de razão; falou a pura verdade, verdade que nem sempre queremos ouvir...

Sim, quando o Espírito silencia, Deus fala nele...

Estávamos, agora, em silêncio e o verbo divino que vibrara pelos lábios de Chico ecoava dentro de nós...

À MEDIDA QUE A PROVIDÊNCIA
DIVINA DETERMINA MELHORAS
PARA NÓS, NA TERRA,
INVENTAMOS AFLIÇÕES.

PRECISAMOS DE CONTENTAR-NOS
COM O QUE TEMOS; ESTAMOS
RICOS, SEM SABER APROVEITAR
A NOSSA FELICIDADE...

ESTAMOS SOFRENDO MAIS
POR EXCESSO DE CONFORTO
DO QUE POR EXCESSO
DE DESCONFORTO.

SOMOS TODOS IRMÃOS

*A dor é uma bênção que Deus envia a seus eleitos;
não vos aflijais, pois, quando sofrerdes;
antes, bendizei de Deus onipotente que, pela dor,
neste mundo, vos marcou para a glória no céu.*
UM ESPÍRITO AMIGO
[*O Evangelho segundo o espiritismo*, cap. ix, item 7]

VAMOS RECORDAR UMA REUNIÃO QUE se processou no dia 13 de junho de 1981.

A tarde se fazia belíssima. O sol beijava as folhas do frondoso abacateiro que, generosamente, nos protegia. Na estrada, ali perto, uma boiada era tocada ao som de berrantes...

O Evangelho segundo o espiritismo trouxe-nos a lição: "A paciência".

Cada companheiro convidado aos comentários vespertinos deu ao tema um colorido próprio, evidenciando a fonte inesgotável da inspiração que verte, cristalina, das alturas...

Alguém considerou que a paciência é uma forma legítima de caridade; outro acentuou que carecemos de perdoar, provando a nossa fé; recordamos, também, o que nos dissera o Cristo quanto à caminhada de dois mil passos...

Dona Marilene Paranhos Silva, distinta evangelizadora da infância em Uberaba, MG, assinalou que, para ter paz, é imprescindível que a criatura viva contente com tudo o que Deus lhe dá… Formiga, o poeta que todos admiramos nos arraiais doutrinários, citou uma trova para ilustrar o assunto:

Pois foi assim, de repente:
Em meio à vida tombou.
Era tão impaciente.
Que a própria morte apressou! [...]

Depois dos convidados a falar, Chico se preparou para igualmente trazer a sua colaboração, ou melhor, a colaboração de Emmanuel aos comentários evangélicos.

O silêncio, então, se fez maior, e todos deram um passo adiante, aguçando os ouvidos…

Chico principiou afirmando:

[...] durante trezentos anos quase, os cristãos se reuniam ao ar livre. [...] O *Sermão da montanha*, o documento mais importante da humanidade, não foi produzido entre quatro paredes; mas, sim, ao ar livre, junto daqueles que são os herdeiros do *Evangelho*, que somos nós todos, através dos tempos...

Após o luminoso preâmbulo, Chico considerou que se

Jesus multiplicou os pães, nós repartimos as migalhas. [...] A ideia de Jesus nos une, embora sejamos aqui estranhos uns aos outros.

Dizendo que a "doutrina espírita é, sobretudo, orientação para a vida", ele aproveitou para se referir às reuniões de caráter elitista...

Ultimamente Chico tem se preocupado muito com o elitismo que grassa nas fileiras espíritas, não deixando passar a oportunidade de alertar quanto ao mesmo erro em que incorreu o cristianismo ao metamorfosear-se em catolicismo...

Ele acrescentou que as reuniões fechadas são também necessárias, mas carecemos ir ao encontro dos mais simples

> para que todos saibam, e nós também, que somos irmãos uns dos outros. [...] Quando desencarnarmos, encontraremos com a família da ideia, do coração...

Repetindo que, na essência, somos todos irmãos, Chico advertiu-nos, em nome da espiritualidade superior:

> O cumprimento do dever estabelece a diferença; igualdade absoluta só existe na origem e na chegada. [...] Os mais fortes são chamados para ajudar os mais fracos; os que têm mais saúde podem ajudar os doentes...

E falou que as reuniões "fora de nossas especificidades são boas e necessárias...", pela aproximação real que promovem... pelo formalismo que é posto de lado... ∎

O CUMPRIMENTO DO DEVER ESTABELECE A DIFERENÇA; IGUALDADE ABSOLUTA SÓ EXISTE NA ORIGEM E NA CHEGADA. [...] OS MAIS FORTES SÃO CHAMADOS PARA AJUDAR OS MAIS FRACOS; OS QUE TÊM MAIS SAÚDE PODEM AJUDAR OS DOENTES...

CIÊNCIA DA PAZ

*Sede pacientes. A paciência também é uma caridade
e deveis praticar a lei de caridade ensinada
pelo Cristo, enviado de Deus.*
UM ESPÍRITO AMIGO
[O Evangelho segundo o espiritismo, cap. ix, item 7]

COMO SEMPRE, ESTAMOS REUNIDOS NO sábado, dia 29 de agosto de 1981, para o nosso habitual culto do *Evangelho* ao ar livre.

O *Evangelho segundo o espiritismo* oferta-nos à meditação a seção "A paciência", item 7 do cap. ix.

Vários companheiros comentam o tema com muita propriedade; a tônica dos apontamentos verbais gira em torno da paciência no lar.

Uma senhora lembra a palavra de Emmanuel, inserta em mensagem no livro *Pronto socorro*: "Ter paciência é saber esperar".

Por nossa vez, também convidado a usar a palavra, recordamos a máxima evangélica: "Na paciência, tereis as vossas almas."

Ouvindo os vários amigos presentes, mais uma vez chegamos à conclusão que, de fato, o *Evangelho* é a chave de solução para todos os problemas humanos.

O sr. Weaker pede a Chico Xavier para que fale alguns minutos.

Lembrando a presença de Emmanuel, Chico começa a discorrer com o magnetismo que lhe é próprio:

Vivemos com o tempo muito dividido; muitas atividades nos chamam a atenção... Levantamos sempre com um noticiário nos ouvidos, apelos diversos nos desviam a atenção do que gostaríamos de preservar: *serenidade*.

A paciência é uma bênção que podemos colher na meditação, na oração e, sobretudo, em sermos úteis...

A cada momento somos testados em matéria de paciência, por todos os lados.

Precisamos de fazer um *acordo íntimo*: criarmos dentro de nós um tribunal íntimo que nos abençoe, nos preserve da cólera, para que a violência diminua no mundo...

E Chico prossegue ante o silêncio de todos os que ali estamos para aprender com um homem que se fez "porta-voz" das esferas mais altas:

A cidade é uma casa maior; se na casa somos chamados à tolerância, dentro da cidade, igualmente...

É muito importante que não venhamos a reagir; não *passar recibos* em ofensas, na rua ou no trabalho.

Hoje [...] todas as pessoas estão com pressa. Quando alguém burla um lugar na fila, rebelamo-nos... Não estamos endossando a desordem, mas precisamos compreender; precisamos pensar na questão da parcela, porque a soma vem no fim do dia: briga dentro de casa, crime, delinquência... No fim do mês, a soma já é um câncer de primeiro grau, uma obsessão começante...

Um trauma emocional se comunica ao corpo todo. Talvez que 60% a 80% de nossas doenças, ou dos *donos* das doenças, foram adquiridas através dos choques, da intolerância, das ofensas, da falta de perdão...

E Chico observa o ensino de Jesus – "Perdoar não sete vezes, mas setenta vezes sete... matematicamente, 490 vezes" – e diz:

Lá, pela centésima vez que estivermos perdoando, falaremos: você já está perdoado para sempre... Eu não vou ter o trabalho de perdoá-lo mais!

Todos sorrimos bastante. Chico é assim: primeiro ensina, tocando fundo os corações; depois, cria um ambiente de descontração, em que as tensões se vejam aliviadas.

E arrematando a lição da paciência:

O mais difícil não é viver, é conviver. [...] Existem pessoas que gostam muito de usar a franqueza, mas é uma franqueza que joga todo mundo no chão.

De fato, ficamos a meditar. Às vezes, usamos o látego da verdade para vergastar impiedosamente os que estão equivocados. É um contrassenso!

Naquela tarde, ouvindo Chico Xavier discorrer sobre a paciência, ele que há mais de meio século vem sustentando pacientemente a sua tarefa, pensamos o quanto seria diferente a nossa vida na Terra se aprendêssemos a "ciência da paz".

A PACIÊNCIA É UMA BÊNÇÃO QUE PODEMOS COLHER NA MEDITAÇÃO, NA ORAÇÃO E, SOBRETUDO, EM SERMOS ÚTEIS...

A CADA MOMENTO SOMOS TESTADOS EM MATÉRIA DE PACIÊNCIA, POR TODOS OS LADOS.

PRECISAMOS DE FAZER UM ACORDO ÍNTIMO: CRIARMOS DENTRO DE NÓS UM TRIBUNAL ÍNTIMO QUE NOS ABENÇOE, NOS PRESERVE DA CÓLERA, PARA QUE A VIOLÊNCIA DIMINUA NO MUNDO...

O MAIS DIFÍCIL NÃO É VIVER, É CONVIVER.

SOFRER SEM MOSTRAR SOFRIMENTO

Deus não dá prova superior às forças daquele que a pede; só permite as que podem ser cumpridas. Se tal não sucede, não é que falte possibilidade: falta a vontade.
SANTO AGOSTINHO
[O Evangelho segundo o espiritismo, cap. xiv, item 9]

CONSULTANDO AS NOSSAS ANOTAÇÕES sobre as reuniões vespertinas com Chico, à sombra de árvores amigas e acolhedoras, deparamo-nos com a que foi levado a efeito no dia 19 de setembro de 1981.

Após tomadas as medidas de praxe, o culto tem o seu início com O Evangelho segundo o espiritismo trazendo-nos à meditação o cap. xiv. Todos comentamos o tema, os que fomos convidados a falar, todavia a palavra aguardada com ansiedade era a do nosso Chico. E ele inicia dizendo que Emmanuel nos chamava a atenção para o seguinte trecho:

As provas rudes, ouvi-me bem, *são quase sempre indício de um fim de sofrimento e de um aperfeiçoamento do Espírito, quando aceitas com o pensamento em Deus.*

Discorrendo agora sobre a página de Agostinho, transmitida em Paris, no ano de 1862, o Chico diz que estamos fazendo na Terra um vestibular de promoção espiritual, para ver se obtemos sucesso ou ficamos em determinadas dependências... As grandes provas são um indício, não um fim... Para subir, o Espírito tem que estar ajustado às leis de Deus.

Não estamos liberados, só porque sofremos; depende da nossa atitude a vitória que desejamos alcançar.

Tendo sempre a preocupação de dizer que está sendo intérprete de Emmanuel, ele prossegue:

Podemos estar sofrendo, estar aflitos, fatigados, mas se estamos desesperados, criando problemas para os outros com os nossos problemas, nós não estamos atravessando as nossas provas com as almas ligadas às leis de Deus.

Estejamos com o pensamento em Deus, com a nossa alma a doar de si, sem pensar em si.

Fazendo breve pausa, o Chico assevera que precisamos podar o sofrimento daqueles que Deus nos deu à convivência, para que eles sejam mais felizes, que é importante calar as nossas próprias dores, pacificar o nosso espírito, quando tudo nos induz ao desespero, porquanto existe algo que nós podemos dar sem ter: é a felicidade.

E Emmanuel nos convida, pelos seus lábios, a ajudar aqueles que estão conosco, sem nunca os desajudar; não criar para os outros problemas afetivos, oriundos de um amor mal interpretado... É de grande mérito sofrer sem mostrar sofrimento.

Arrematando, ainda considera que estamos matriculados na prova, mas depois da desencarnação é que vamos ver a nota...

Já ouvimos, alhures, comentários de que muitos espíritas dão um crédito excessivo às palavras de Chico Xavier, que isso é endeusamento, que ele não passa de uma pessoa comum, falível como qualquer um de nós.

Evidentemente, não comparecemos aqui nas páginas deste livro para defender seja quem for de infalibilidade, principalmente quem não necessita de qualquer defesa. Concordamos até que, se o Chico permitisse, seríamos mesmo capazes de endeusá-lo, tal a admiração que nutrimos pelo médium e pelo homem, contudo ele sabe manter a distância devida...

Não podemos concordar, todavia, com os que alegam que damos crédito excessivo às suas palavras, que anotamos tudo o que ele fala. E isto por um motivo muito simples. Há mais de 55 anos Chico Xavier é médium. "Eu gosto de ser médium; eu sinto prazer em ser médium", desabafou certa vez. Embora tenha ele mesmo muita coisa para oferecer, Chico transfere todo o mérito para os Espíritos amigos, como Emmanuel, Bezerra, André Luiz e tantos outros. Chico é o intérprete fiel, seguro, que tem provado a crentes e incréus o seu devotamento à causa, com prejuízo de tudo o que o homem mais simples tem direito; ele renunciou, inclusive, a ele mesmo...

É por isso que prosseguiremos anotando as suas palavras, as suas reações, as suas impressões, porquanto elas refletem as palavras, as reações e as impressões do mundo espiritual. Chico Xavier, como bem colocou o prof. Herculano Pires, é interexistente; hoje ele é mais do lado de lá do que de cá...

Chico não brinca em serviço; para mim, tudo o que ele fala é importante, digno de análise. Suas palavras não são repetições, são doses homeopáticas de muito amor, carinho, abnegação, para os que ainda nos arrastamos na poeira... Para os que já têm asas de borboleta e podem voar, certamente a história é diferente. ◾

PODEMOS ESTAR SOFRENDO, ESTAR AFLITOS, FATIGADOS, MAS SE ESTAMOS DESESPERADOS, CRIANDO PROBLEMAS PARA OS OUTROS COM OS NOSSOS PROBLEMAS, NÓS NÃO ESTAMOS ATRAVESSANDO AS NOSSAS PROVAS COM AS ALMAS LIGADAS ÀS LEIS DE DEUS.

[...] É IMPORTANTE CALAR AS NOSSAS PRÓPRIAS DORES, PACIFICAR O NOSSO ESPÍRITO, QUANDO TUDO NOS INDUZ AO DESESPERO, PORQUANTO EXISTE ALGO QUE NÓS PODEMOS DAR SEM TER: É A FELICIDADE.

CRISTO APLICADO

"Amar o próximo como a si mesmo: fazer pelos outros o que quereríamos que os outros fizessem por nós", é a expressão mais completa da caridade, porque resume todos os deveres do homem para com o próximo. Não podemos encontrar guia mais seguro, a tal respeito, que tomar para padrão, do que devemos fazer aos outros, aquilo que para nós desejamos.

ALLAN KARDEC
[*O Evangelho segundo o espiritismo*, cap. xi, item 4]

NO DIA 9 DE JANEIRO, TIVEMOS A NOSSA primeira reunião do ano de 1982, junto aos companheiros que nos hospedam, para orar em plena natureza.

O Evangelho segundo o espiritismo ofertou-nos a página do cap. xi, "Amar o próximo como a si mesmo".

Vários companheiros comentaram com muita propriedade o tema da tarde, contudo, para ganhar espaço, reproduziremos a impressionante alocução do nosso Chico, fazendo-se intérprete de Emmanuel.

Em nossa modesta opinião, foi um dos mais sérios alertas do mundo espiritual a todos nós, em nossas reuniões no abacateiro.

Chico começou a contar que no Japão existia, há algum tempo, um surto muito grande de delinquência. O próprio governo sentia-se incapaz de sofrear aquela expansão infeliz... Foi quando um grupo de senhoras sugeriu que, nas cidades, as famílias se reunissem, em grupos de cinco a dez famílias, para debaterem o problema. A ideia tomou vulto. Quase que o Japão inteiro começou a reunir-se, semanalmente, discutindo o que se poderia fazer pela criança, pelos reeducandos, para que a ideia do crime diminuísse. Em dois anos, o índice de delinquência juvenil diminuiu em 80%...

E ele continua, ante a forte expectativa geral:

> Se pudéssemos iniciar, sem distinção de crenças, para ver as aberturas que precisamos de fazer hoje nos domínios da compreensão, teríamos muito menos a lamentar...
>
> Se pudéssemos reunir quinzenalmente, não só os espíritas – não somos privilegiados, Deus é Pai de nós todos –, estabelecendo um laço de entendimento entre nós...
>
> Tudo parece ainda distante, mas as ideias são sementes e as palavras disseminam...
>
> Se pudéssemos discutir com amor o problema, para saber o que podemos fazer junto aos reformatórios... Infelizmente, hoje, os reformatórios são escolas de banditismo, por mais queiramos negar, é a realidade pura.

Certa vez, ouvi de um jovem:

— Eu não me importo com a ideia do crime; cada pessoa pode matar uma e, sendo uma vez só, é perdoado...

[...] Não podemos adotar em nossas casas as crianças todas, mas se pudéssemos reuni-las para darmos um pouco do nosso amor, tempo, conhecimento, experiência; para inocular a nossa ideia de libertação espiritual através do bem...

E Chico fala que muitos têm uma vida que não desejaríamos para um cão de nossa estima!...

Delinquência – prossegue – somos nós mesmos que criamos. Há muita gente boa que se dedica exclusivamente ao amparo do próximo, mas a verdade é que a maioria de nós outros conversa sobre o assunto, acha-o extraordinário, mas, desfeita a reunião, alega falta de tempo... Assim, vamos destruindo o que temos de melhor, pela nossa incapacidade de trabalho, não de conhecimento.

Somos o país de mais amplo conhecimento evangélico... O Brasil é o país de maioria católica, espírita... Tem mais afinidade com a África do que os próprios africanos entre si. Aqui é onde mais se aprofunda no conhecimento vastíssimo; se quiséssemos, poderíamos realizar muito.

Ontem era 1981, hoje é 1982, mas estamos com os mesmos sentimentos. Precisamos aleitar o nosso coração, não nutrir um desprezo tão grande e, às vezes, tão calculado, pelos mesmos problemas sociais... [...] Nós todos caímos pela inteligência. Sentimo-nos falsamente superiores aos outros. Mas resolveremos o assunto pelo coração, pelo sentimento, pelo Cristo aplicado em nossa vida. Temos muita pena do menino que está com fome, mas, às vezes, temos um desprezo total pelo menino que se fez delinquente. Quem precisa mais? O menino dado aos tóxicos ou que se entrega às más influências poderia ser o nosso. Estamos na mesma embarcação e o naufrágio é para nós todos...

Fulano prega, mas não faz... O problema é para que cada um de nós meta as mãos no serviço. Do pouco de muitos é que se faz aquilo que é necessário – legenda maravilhosa que já tem idade de quase dois mil anos.

Quantas guerras cultivamos em nome do Cristo! Temos, agora, uma doutrina que nasceu sem sangue, sem guerra. Um homem de vida apostolar, assessorado por muitos amigos e muitas irmãs que lançaram a ideia no mundo... Será, talvez, a primeira, em matéria de religião, que nasceu num mundo sem sangue e sem lágrimas. Precisamos dedicar mais amor às crianças, não é só visitar cadeias uma vez por semana. [...] Estão sendo desprezadas por nós, nas bases de uma psicologia materialista, sem Deus. O psicólogo é obrigado a agir dentro de instruções materialistas... Muitos já estão despertando. Se o nosso filho cria um problema, falamos: "Você vai ao psicólogo." O psicólogo é materialista, e como não quer saber nada com Deus, o menino volta um "monstrinho" para casa...

Precisamos pensar o que é que vamos fazer desse pessoal todo que está crescendo. Crescendo para quê? Sem Deus, o que eles irão fazer?

Nós agradecemos tanto uma gentileza, por que é que vamos negar essa gentileza aos outros?! São perguntas que devemos fazer, porque, por enquanto, elas estão sem respostas. ∎

**PRECISAMOS ALEITAR
O NOSSO CORAÇÃO, NÃO NUTRIR
UM DESPREZO TÃO GRANDE [...]
PELOS MESMOS PROBLEMAS
SOCIAIS... NÓS TODOS CAÍMOS
PELA INTELIGÊNCIA. SENTIMO-NOS
FALSAMENTE SUPERIORES
AOS OUTROS. MAS RESOLVEREMOS
O ASSUNTO PELO CORAÇÃO,
PELO SENTIMENTO, PELO CRISTO
APLICADO EM NOSSA VIDA.**

LIÇÕES DE CHICO

[…] como tudo se encadeia sob a direção do Altíssimo, todas as lições recebidas e aceitas virão a encerrar-se na permuta universal do amor ao próximo. Por aí, os Espíritos encarnados, melhor apreciando e sentindo, se estenderão as mãos, de todos os confins do vosso planeta. Uns e outros reunir-se-ão, para se entenderem e amarem, para destruírem todas as injustiças, todas as causas de desinteligências entre os povos.

SANSON
[*O Evangelho segundo o espiritismo*, cap. xi, item 10]

NEM SEMPRE O NOSSO CHICO ESTÁ EM condições de comentar as lições de *O Evangelho segundo o espiritismo*, nas tardes de sábado. Muitas vezes, falta-lhe a voz.

A reunião da sexta-feira termina, normalmente, quando os primeiros raios solares tingem de rubro o céu ainda esmaltado de estrelas.

Quando nos é possível, na reunião terminal do sábado, no Grupo Espírita da Prece, buscamos ouvir o Chico, provocando algum assunto... Compreendemos que estar com ele é uma oportunidade rara e, assim, dentro dos limites, fazemos-lhe perguntas que sejam de interesse geral. Acontece também de ele mesmo "puxar" conversa, contando interessantes fatos de sua vida.

A seguir, enfileiramos algo que nos foi possível obter em várias oportunidades em 1982, na certeza de que todos se edificarão, como sempre, com as preciosas lições de Chico Xavier.

Alguém comentava sobre a grande incidência de crimes na atualidade, falando ainda do rigor necessário por parte das autoridades.

O Chico autografava, parecendo estar alheio a tudo. Um outro companheiro fez alusão à pena de morte.

E é justamente aí que o Chico aparteia:

Emmanuel costuma dizer que o criminoso é sempre um de nós que foi descoberto.

Que profundo ensinamento. Atire a primeira pedra...

A dra. Marlene Rossi Severino Nobre, presente a uma das reuniões, faz ao Chico duas perguntas que transcrevemos sem comentários, evidentemente com as respectivas respostas:

— Chico, quando é que nós vamos aprender a "transar" com o nosso subconsciente?

— Isso vem com a evangelização. É fácil evangelizar, mas autoevangelizar-se!...

— O que você acha desses "cursos" de espiritismo? "cursos" de médium...

— Ah! minha filha, eu nasci xavante, morro xavante...

Agora é ele mesmo quem nos conta, pois, como bom mineiro, o Chico também gosta de uma prosa:

Quando eu tinha 16, 17 anos, trabalhava numa casa de comércio, em Pedro Leopoldo [MG]. Muitos jovens me procuravam, então, para escrever cartas de amor para eles... Os Espíritos me diziam que tudo aquilo era treino...

E sorriu meio maroto, como quem se admira com o que já lhe sucedeu na vida.

O tema era espiritismo e hostilidade. Comentávamos como os adeptos da doutrina são perseguidos ainda hoje. Embora o respeito de muitos, ainda encontramos os que, veladamente, atacam, humilham...

Com os olhos contemplando o que não podíamos ver, o Chico disse:

Aqueles que caminham abrindo roteiro para o futuro dela [3ª revelação] têm que sangrar os pés.

E retoma o serviço dos autógrafos, como a nos dizer que o tempo urge e é preciso continuar...

Perguntei ao Chico como foi que escolheram o nome de Luiz Gonzaga para o centro de Pedro Leopoldo. Explicando, inicialmente, que Luiz Gonzaga era italiano, enfermeiro, tendo morrido aos 23 anos de idade no socorro aos bexigosos como um autêntico mártir da solidariedade humana, acrescenta:

Àquela época, eu tinha 16 anos e era o secretário do grupo. Quando nos reunimos para fundar o centro, era o dia 21 de junho, data consagrada pelo calendário a São Luiz Gonzaga.

Também, Lindemberg havia concluído a travessia do Atlântico na aeronave que levava o nome "Espírito São Luiz", só que esse havia sido Rei da França — o que foi ferido nas cruzadas e, ao que tudo indica, protetor de Allan Kardec. Então, para homenagear um e outro, demos ao nosso centro o nome de Luiz Gonzaga.

A surpresa maior vem agora:

Sabe, Baccelli, um dia eu estava no portão de casa, quando surgiu um mendigo perguntando se eu era o Chico Xavier. Depois de conversar um pouco, ele tirou de um saco uma imagem de São Luiz Gonzaga dizendo que havia ido ali só para ma entregar!... [Esse fato se deu em Uberaba, MG.]

De outra vez, tecendo comentários sobre o valor da palavra e do cuidado que devemos ter em pronunciar qualquer uma, Chico arrematou:

As palavras são uma rede de seda, através das quais nos escondemos, mas quem nos conhece nos vê.

Sim, porquanto, há palavras que enganam e palavras que revelam…

E assim é Chico Xavier. Numa conversa espontânea, aparentemente sem maior significado, surge o ensinamento, a preciosa lição, o material de reflexão de que carecemos para melhor compreender a vida… e a nós mesmos.

O CRIMINOSO É SEMPRE
UM DE NÓS QUE FOI DESCOBERTO.

...

AQUELES QUE CAMINHAM ABRINDO
ROTEIRO PARA O FUTURO
DA 3.ª REVELAÇÃO TÊM
QUE SANGRAR OS PÉS.

...

AS PALAVRAS SÃO UMA REDE
DE SEDA, ATRAVÉS DAS QUAIS
NOS ESCONDEMOS, MAS QUEM
NOS CONHECE NOS VÊ.

MÃE-NATUREZA

*O amor está por toda parte em a Natureza,
que nos convida ao exercício da nossa inteligência;
até no movimento dos astros o encontramos.
É o amor que orna a Natureza de seus ricos tapetes;
ele se enfeita e fixa morada onde se lhe deparem flores
e perfumes. É ainda o amor que dá paz aos homens,
calma ao mar, silêncio aos ventos e sono à dor.*
ALLAN KARDEC
[O Evangelho segundo o espiritismo,
Introdução, seção IV, item XVI]

FAÇAMOS, DESTA VEZ, UMA PAUSA NAS nossas narrativas sobre as reuniões evangélicas que reportamos para os amigos, levadas a efeito por Chico, no templo excelso da natureza, para tentarmos compreender o porquê de semelhantes tertúlias ao ar livre.

O primeiro templo do homem, sem dúvida, foi e continua sendo a natureza.

Em todas as antigas narrativas históricas, observamos que a criatura procurava dialogar com o Criador sob a paz das estrelas...

Moisés subiu ao Sinai para receber o *Decálogo*...

João Batista clamava, em pleno deserto, preparando as veredas daquele que nos ensinaria a amar a Deus em espírito e verdade...

Nas Gálias, os druidas se colocavam em comunicação com os mortos no silêncio das florestas...

A sós, no colo da natureza, o homem sente uma maior integração com a vida...

Longe dos santuários e dos templos de pedra, embora com os pés chumbados no solo, mas de coração alçado às alturas, o homem-espírito grita a sua independência sobre o homem-matéria...

Chico Xavier é um místico, como o fora João Evangelista, como o fora Francisco de Assis!

Recordemo-nos de que ele, com apenas 5 anos de idade, conversava com a sua mãezinha sob a proteção de generosas árvores frutíferas, no quintal da sua casa...

Emmanuel, Espírito luminar que deveria acompanhá-lo na trajetória missionária durante toda a vida, aparece-lhe num açude, fazendo-se visível dentro dos reflexos de uma cruz...

Foi quando regava a horta de alhos de seu patrão que Augusto dos Anjos e outros Espíritos vieram adestrar-lhe a mediunidade iniciante...

Quantas vezes, sob o manto das estrelas, Chico visitava casebres em extrema penúria ou socorria dezenas de irmãos que se abrigavam debaixo de uma ponte...

Aqui, em Uberaba, MG, há muitos anos, na antiga sede da Comunhão Espírita Cristã, os passes eram aplicados ao redor de uma cisterna...

A famosa peregrinação dos sábados era um longo percurso através de trilhas de terra, onde o cheiro do mato casava-se com a brisa noturna que soprava mansamente...

Como Francisco de Assis, Chico nutre pela natureza um amor que só é comum às almas que se espiritualizam...

À semelhança do sublime *poverello*,** Chico ama os animais, conversa com eles, parece entendê-los... Chora quando um deles adoece... Ama as flores, a chuva, os pássaros...

Neste mundo materialista, em que o homem cada vez mais se afoga nas conquistas da tecnologia, Chico ensina-nos também a cultivar a vida natural, estudando o evangelho de Jesus, junto aos filhos do Calvário, no templo da mãe-natureza!

Dentro de quatro paredes, de certa forma, nos isolamos do mundo, mas sob as sombras acolhedoras de árvores amigas, segundo Emmanuel, temos sobre as cabeças a cúpula azul do céu, traduzindo paz, e, ao lado, o verde das folhas numa mensagem de esperança!

Só aqueles que já experimentaram a sensação de reuniões assim sabem o que estamos querendo traduzir...

As mais belas lições do Senhor foram dadas no palco da natureza, cujas forças se inclinavam ao influxo do Seu amor – o mar bravio aquietou-se, os pássaros atendiam-no...

É inquestionável que esse homem, Chico Xavier, em pleno século xx, revive a atmosfera mágica do cristianismo, contagiando-nos pela simplicidade, pela humildade... ∎

**. *poverello*: "pobrezinho" – cognome dado a Francisco de Assis.

CHICO AMA OS ANIMAIS,
CONVERSA COM ELES,
PARECE ENTENDÊ-LOS...
CHORA QUANDO UM DELES
ADOECE... AMA AS FLORES,
A CHUVA, OS PÁSSAROS...

NESTE MUNDO MATERIALISTA,
EM QUE O HOMEM CADA VEZ MAIS
SE AFOGA NAS CONQUISTAS DA
TECNOLOGIA, CHICO ENSINA-NOS
TAMBÉM A CULTIVAR A VIDA NATURAL,
ESTUDANDO O EVANGELHO DE JESUS,
JUNTO AOS FILHOS DO CALVÁRIO,
NO TEMPLO DA MÃE-NATUREZA!

PACIÊNCIA COM A FELICIDADE DOS OUTROS

Coragem, amigos! Tendes no Cristo o vosso modelo. Mais sofreu Ele do que qualquer de vós e nada tinha de que se penitenciar, ao passo que vós tendes de expiar o vosso passado e de vos fortalecer para o futuro. Sede, pois, pacientes, sede cristãos. Essa palavra resume tudo.
UM ESPÍRITO AMIGO
[*O Evangelho segundo o espiritismo*, cap. ix, item 7]

NA REUNIÃO DA TARDE DE 13 DE FEVEreiro de 1982, muitos amigos de outras localidades estavam presentes, alguns representando instituições que muito tem feito pelo *Evangelho* redivivo no Brasil.

Fazia muito calor, depois de dias de intensa chuva. O sol beijava com os seus causticantes raios aquele abençoado pedaço de chão, onde nos reuníamos para orar.

Pontual, como sempre, Chico chegou no automóvel de um amigo, e as câmeras da tv *Record* começam a registrar os seus menores gestos.

Após o sr. Weaker convidar alguns companheiros para tomarem lugar nos bancos rústicos, a reunião teve o seu início com *O Evangelho segundo o espiritismo* ofertando-nos ao estudo a lição do cap. ix, seção "A paciência", item 7.

Convidada a falar em primeiro lugar para nos dar uma ideia da dimensão de tempo a ser utilizado por cada um nos comentários, conforme orientação do próprio Chico, Márcia disse que, na Terra, ouvimos muitos lamentos, mas que também não saberemos contar quantas preces se elevam aos céus em louvor de gratidão...

Dona Maria Célia, do Rio de Janeiro, que ali estava com alguns amigos da Fundação Marieta Gaio, considerou que a maioria de nós outros não aceitamos o conselho óbvio que os Espíritos amigos nos dão, mormente os que se referem à paciência, mas que é o caminho que carecemos seguir em favor da própria paz...

Dona Zilda Rosin, escritora de méritos, disse que precisamos dar uma atenção especial à paciência no lar.

Um amigo da Venezuela, embora sendo convidado a colaborar na interpretação do texto evangélico, escusa-se dizendo que preferia ouvir...

Chegando o nosso momento de falar, enfocamos o assunto sobre o aspecto de que nos precisamos conscientizar a respeito de um ponto fundamental para a nossa felicidade: algumas coisas na nossa vida podemos mudar quase que instantaneamente, outras não; diversas solicitam o concurso do tempo e precisamos aprender a conviver com elas...

O nosso amigo Salvador Gentile, do IDE, de Araras, SP, se referiu à dor como uma mestra que pode educar o nosso orgulho e nos conduzir ao equilíbrio...

O general Duílio Lena Bérni, nosso conhecido pelo seu trabalho no Rio Grande do Sul, principalmente pela sua colaboração doutrinária no jornal *Desobsessão*, faz uma colocação interessante dizendo que a dor e a paciência constituem um binário como a Terra e a Lua; ambas precisam caminhar juntas... Ressalta que Jesus nos prometia alívio, mas não cura...

Vamos transcrever a palavra do nosso Chico, sob a coordenação espiritual de Emmanuel, embora todos tenham abordado o tema com muita propriedade e matizes especiais:

... Apenas uma lembrança do nosso benfeitor Emmanuel. Ele me pede para recordar um item sobre a lição da paciência que nunca me havia ocorrido antes: paciência que nasce do verdadeiro amor pregado por Jesus, a paciência com a felicidade dos outros! Felicidade de um adversário de nossas ideias; às vezes, criamos dificuldades em torno da pessoa que se sente feliz num modo diferente do nosso... Estamos falando das pessoas operosas, que servem ao bem.

Então, é muitas vezes um filho que queremos que seja advogado, mas ele se sente feliz sendo lavrador... por que, então, impor-lhe a obrigação de estudar ciência, em livros, a pretexto de ser feliz como queremos?! De outras vezes é o casamento... por que é que procedemos dessa maneira se o nosso filho ou nossa filha estão felizes com esse tipo de união?! Doutras vezes, é um amigo que recebe uma casa... meu Deus, por que fulano ganhou a casa e não eu?!

Devemos sentir a felicidade de ter os nossos amigos felizes.

A felicidade deve reinar com todos e para todos.

A felicidade é um patrimônio que deve pertencer a todos.

Quantas vezes teremos perdido grandes oportunidades para aproveitar as lições da vida, quando nos deixamos perder pela inveja, pelo ciúme, pelo espírito de antagonismo...

Todos podemos ser alegres dentro do nosso próprio lugar. Muitas vezes temos errado pela falta de paciência com a felicidade dos outros, especialmente com aqueles que estão convivendo conosco no cotidiano.

[...] protesto dos jovens, protesto dos idosos, protesto dos operários... protestos, por quê?!... E uma falta de respeito com a felicidade dos outros... Se nos decidirmos a trabalhar, não teremos o que protestar... trabalhar como a abelha na colmeia...

Se o nosso amigo está feliz, se o nosso irmão está feliz com determinado caminho, peçamos a Deus alegria, ainda que tenhamos pensamentos negativos a respeito da escolha deles, porque também queremos respeito para as nossas escolhas.

Quantos suicídios e quantas fichas de sanatório não existem por falta de paciência com a felicidade dos familiares?! Então, no terreno das profissões e das uniões afetivas, perpetramos verdadeiras calamidades...

Deus não dá "xerox"; cada um é um mundo por si.

Vamos ser muito mais felizes quando respeitarmos os outros. Na hora do sofrimento teremos alguém a nos reconfortar, mas é muito difícil ficarmos sinceramente alegres por vê-los contentes...

[...] Mas que alegria, meu Deus, por ver esse amigo feliz! Como me sinto feliz por ver a felicidade daqueles que eu conheci como sofredores e agora já encontraram uma parcela de esperança realizada...

Não devemos permitir que essa perturbação apareça. Assim como queremos ser felizes no caminho que escolhemos, os outros também querem sê-lo. Peçamos a Deus para compreender os nossos irmãos, rogando forças para nos sentir tão felizes conforme eles são.

A felicidade dos outros é muito importante para nós, sejam eles as pessoas que forem.

PACIÊNCIA QUE NASCE
DO VERDADEIRO AMOR PREGADO
POR JESUS, A PACIÊNCIA COM
A FELICIDADE DOS OUTROS!

DEVEMOS SENTIR A FELICIDADE
DE TER OS NOSSOS AMIGOS FELIZES.

A FELICIDADE DOS OUTROS
É MUITO IMPORTANTE PARA NÓS,
SEJAM ELES AS PESSOAS QUE FOREM.

SOFRIMENTO E FELICIDADE

*Deveis considerar-vos felizes por sofrerdes, visto
que as dores deste mundo são o pagamento da dívida
que as vossas passadas faltas vos fizeram contrair;
suportadas pacientemente na Terra, essas dores
vos poupam séculos de sofrimentos na vida futura.
Deveis, pois, sentir-vos felizes por reduzir Deus
a vossa dívida, permitindo que a saldeis agora,
o que vos garantirá a tranquilidade no porvir.*
ALLAN KARDEC
[O *Evangelho segundo o espiritismo*, cap. v, item 12]

HAVIA MUITA GENTE NA REUNIÃO DO DIA
13 de março de 1982. Vários ônibus e carros promoviam grande movimento nas ruas estreitas e esburacadas da pequena vila.

Chico abre O *Evangelho segundo o espiritismo* e escolhe uma lição do cap. v, seção "Motivos de resignação".

Após a prece inicial, Márcia é convidada a proceder aos comentários. A seguir, dona Maria Eunice de Souza Meirelles Luchesi, amiga de Chico há mais de trinta anos, oferta-nos a sua palavra na interpretação do texto.

Muitos companheiros presentes comentam com brilhantismo o assunto, no entanto vamos nos deter na palavra do confrade Djalvo, da cidade de Franca, SP. O seu depoimento nos impressionou bastante, comovendo a todos os presentes:

> Foi em Pedro Leopoldo [MG], em 1955, que o Chico me convidou a falar pela primeira vez. O tema era "Bem-aventurados os aflitos". Há coisa de dois meses, em Franca, uma família amiga me solicitou que falasse no sepultamento do filho. Repeti, então, no velório, as palavras de Lavoisier: "Na natureza nada se cria, nada se perde; tudo se transforma." Disse que nós, os espíritas, acreditamos nisso, referi-me às aflições do mundo... Pois bem, na quinta-feira passada, dia 4 de março, fui levado a dar o mesmo testemunho, só que agora o velório era de minha própria filha, a caçula de casa... Com lágrimas nos olhos, embora, repeti que a vida continua e que eu, como pai, ali estava diante do corpo de minha filha, mas que o Espírito não perece... E terminei: "Minha filha, até amanhã."

Olhando fixamente para o Chico, disse-lhe: "Deus que te pague, Chico!"

Estávamos todos profundamente emocionados, sobretudo pela espontaneidade da fé naquele coração sofredor de pai, mas radiante de esperança.

Depois que mais alguns amigos falaram, Chico pede a palavra:

O nosso Emmanuel, aqui presente, nos pede para observar quando a mensagem evangélica fala de que devemos considerar-nos felizes quando sofremos, porquanto o sofrimento de agora nos poupa séculos de padecimentos futuros...

Não é uma expressão exagerada, muitas vezes recapitulamos as mesmas falhas em muitas existências. No caso do suicídio, quando instalamos em nós o propósito, voltamos à vida espiritual com as consequências de nossos atos nesse sentido, carregando, naturalmente, no corpo espiritual as marcas, porque não ferimos a Deus, ferimos a nós mesmos...

Passamos tempos no além amparados, mas sentindo a necessidade de voltar à Terra e experimentar a mesma prova, a tentação de arrasarmos com o nosso corpo, e com isso repetimos, às vezes, os mesmos gestos...

A paciência, o espírito de aceitação, pode evitar-nos muitas dores. Por que adotarmos o espírito de rebeldia? Por que Deus nos experimenta?! As dádivas de Deus são gratuitas. Não pagamos o aluguel da Terra – pagamos o aluguel das casas em que moramos; mas o mundo em si é uma dádiva de Deus. Um céu maravilhoso nos cobre, nenhum de nós precisa fazer minas de oxigênio para respirar... Temos os nossos auxiliares que são as plantas, os animais, os minerais, tudo vem até nós gratuitamente para que exercitemos o amor supremo...

De um modo geral, estamos sempre reclamando, reclamando; quando temos tantas oportunidades para bendizer aquilo que já temos, os dias felizes que tivemos, as afeições, esse mundo de beleza espiritual que temos à nossa disposição...

Precisamos tolerar mais um pouco, tolerar mais um tanto, compreender de algum modo mais um tanto e criar em torno de nós a simpatia de que precisamos para viver.

Passamos anos a fio em inércia espiritual, fugindo ao trabalho, seja à responsabilidade, ao espírito de serviço...

Vivemos como criaturas que se suicidam pouco a pouco, todo o dia um suicidiozinho... Um ato de rebeldia, uma reclamação indébita, um ponto de vista infeliz... Atraímos vibrações negativas e operamos sobre nós esse suicídio lento, indireto...

Todo gesto de amor recebe a gratidão daquele que é contemplado com essa bênção de proteção e carinho.

As plantas agradecem, os animais agradecem, um cão abana a cauda...

Carecemos aumentar os nossos tesouros de fraternidade. Mas enveredamos pela aflição não bem-aventurada, porque a pessoa pode estar aflita, mas não bem-aventurada.

Precisamos ajudar-nos a nós mesmos, mas deixando essa história do "eu" ferido... Eu não tolero beltrano, eu não posso, eu não aguento... Nós todos somos uns para os outros. Alcançar o coração daqueles que estão ao nosso derredor, precisamos também colocar o nosso coração naquele ponto de compreensão, de paciência...

Para sermos tolerados precisamos tolerar. Dar algo de bom de nosso coração, nossas palavras, nossos pensamentos, estendendo, à pessoa que está no estado de angústia, a esperança...

Alguém é instrumento de nossa prova, mas nós também somos instrumentos para alguém. Aquela pessoa é um problema para mim... nós também somos um problema para aquela pessoa, porque tudo é recíproco.

Não podemos chegar à porta dos nossos inimigos e pedir perdão, não é assim porque estaremos humilhando a pessoa, colocando-nos na posição de bons. Devemos começar orando para que Deus nos dê humildade e paciência, e aquela criatura nos veja por um ângulo diferente.

Muitas de nossas doenças são, unicamente, o produto de nossos pensamentos desequilibrados.

A violência se alastra pelo mundo, mas ela começa em cada um de nós.

Após interpretar o pensamento de Emmanuel, Chico se posta de pé no atendimento à fila dos irmãos carentes que não sabemos estar mais interessados no óbolo humilde ou em beijar aquelas abençoadas mãos...[***] ▌

[***]. À noite, no Grupo Espírita da Prece, Chico recebeu uma mensagem de José Russo, companheiro de lides doutrinárias, na cidade de Franca, recentemente desencarnado, dando ao amigo Djalvo notícias da filhinha querida, confortando-o com palavras de indescritível beleza.

DEVEMOS CONSIDERAR-NOS
FELIZES QUANDO SOFREMOS,
PORQUANTO O SOFRIMENTO
DE AGORA NOS POUPA SÉCULOS
DE PADECIMENTOS FUTUROS...

DE UM MODO GERAL, ESTAMOS
SEMPRE RECLAMANDO,
RECLAMANDO; QUANDO TEMOS
TANTAS OPORTUNIDADES
PARA BENDIZER AQUILO
QUE JÁ TEMOS, OS DIAS FELIZES
QUE TIVEMOS, AS AFEIÇÕES,
ESSE MUNDO DE BELEZA ESPIRITUAL
QUE TEMOS À NOSSA DISPOSIÇÃO...

MUITAS DE NOSSAS DOENÇAS
SÃO, UNICAMENTE, O PRODUTO
DE NOSSOS PENSAMENTOS
DESEQUILIBRADOS.

A VIOLÊNCIA SE ALASTRA
PELO MUNDO, MAS ELA COMEÇA
EM CADA UM DE NÓS.

ÓRFÃOS DO AMOR

Meus irmãos, amai os órfãos. Se soubésseis quanto é triste ser só e abandonado, sobretudo na infância! Deus permite que haja órfãos, para exortar-nos a servir-lhes de pais. Que divina caridade amparar uma pobre criaturinha abandonada, evitar que sofra fome e frio, dirigir-lhe a alma, a fim de que não desgarre para o vício! Agrada a Deus quem estende a mão a uma criança abandonada, porque compreende e pratica a sua lei.
UM ESPÍRITO FAMILIAR
[O Evangelho segundo o espiritismo, cap. XIII, item 18]

VAMOS, NA OPORTUNIDADE, NARRAR O que aconteceu na reunião do dia 27 de março de 1982.

O Evangelho segundo o espiritismo oferta-nos aos comentários a preciosa página "Os órfãos". Ao alcance dos nossos olhos, dezenas de crianças, em fila, aguardam pães e balas… Todas terão pais?

Companheiros vários enriquecem a lição com os seus apontamentos; cada qual falando da sua experiência, mas todos destacando o trabalho inadiável de amparo à infância.

Convidado pelo sr. Weaker, Chico toma a palavra, inspirado por Emmanuel:

Se todos nos uníssemos através de recursos, do pouco com o pouco, e da disposição de servir com a disposição de servir, as lutas seriam minimizadas...

Em Santa Rita do Passo-Quatro, SP, as senhoras espíritas, por orientação de Emmanuel, que solicitou fosse a distribuição do leite indiscriminada, fundaram uma cantina... As senhoras, a princípio, se sentiram em dificuldade, porque muitas crianças de lares abastados compareciam também... Mas muitas professoras, mães, compareceram ao serviço e pediram para cooperar pelo fato de a cantina não sonegar um copo de leite aos filhos, aos netos delas...

A cantina cresceu muito, e hoje distribui o leite, a canjica, a coalhada. Com o auxílio das mães, consideradas felizes pelo lado material, com a ajuda delas, as senhoras espíritas puderam desenvolver um trabalho muito mais amplo, porque a sovinice não imperou na instituição...

Santa Rita tem uma instituição modelar...

Conversando sobre isso com o nosso amigo Rolando Ramacciotti, ele nos disse que iria fazer o mesmo em São Bernardo do Campo, SP. E lá existe hoje uma cantina que atende a centenas de crianças. Todas que comparecem são atendidas. É um trabalho de benefício às crianças, de benefício mesmo...

[...] É um problema todo nosso. No estado de Santa Catarina, há uns quatro ou cinco anos, houve um inquérito pedindo sugestões sobre o problema da criança. Todos os estados sempre pediram muitas verbas... Mas o pessoal catarinense respondeu:

— O problema da criança no estado de Santa Catarina é um problema da comunidade.

Se nós todos nos dedicarmos um pouco, não recusando a responsabilidade de servir, de administrar, de dar amor a uma obra dessas, ela tende a prosperar, porque o coração humano não é feito de pedra, e sim de amor.

Depois da luta da criança considerada em penúria, apareceu para nós a luta da criança demasiadamente livre nos primeiros anos da existência... Há muitos desequilíbrios, embora sejam descendentes de lares muito abastados. Estou lendo o texto de Kardec e estou pensando que esse texto foi escrito há cento e poucos anos, num país tão adiantado como a França!... Essas outras crianças crescem revoltadas pela ausência de carinho; às vezes, sofrem o abandono mesmo dos avós que não se interessam pelos netos...

De um lado, as crianças em penúria; de outro lado, as que estão mais ou menos atendidas, ou às vezes altamente atendidas em suas necessidades...

Hoje ouvimos falar de muitos crimes efetuados por meninos de 10, 14 anos... Deveríamos tratar de códigos que dessem a maioridade aos 14 anos... A criança é chamada a memorizar as suas vidas passadas muito depressa, motivada pela televisão etc. Precisávamos da criação de leis que ajudem a criança a não se fazer delinquente nem viciada. O governo não pode ser responsável por todas as nossas modalidades de penúria; não podemos exigir que os ministros venham a fazer intervenções em nossas vidas familiares. O problema da penúria é nosso.

[...] Não temos uma disposição muito ativa em torno da criança considerada desvalida; nós fazemos distribuições anuais, mas nos esquecemos que criança, tal qual nos acontece, almoça todo dia, estuda todo dia, toma banho todo dia...

De um lado, a criança em penúria; de outro, a criança abandonada pelos pais...

Vamos pedir a Deus para que nos inspire a trabalhar um pouco mais, para dar mais um pouco do nosso tempo...

Ao terminar a sua alocução abençoada, Chico dirige-se ao encontro dos amigos do bairro, enquanto permanecemos a meditar na extensão do grave problema social que diz respeito a todos nós, ouvindo na acústica da alma as palavras imortais do Mestre Nazareno: "Deixai que venham a mim os pequeninos e não os embaraceis..." ∎

SE NÓS TODOS NOS DEDICARMOS UM POUCO, NÃO RECUSANDO A RESPONSABILIDADE DE SERVIR, DE ADMINISTRAR, DE DAR AMOR A UMA OBRA EM BENEFÍCIO DAS CRIANÇAS, ELA TENDE A PROSPERAR, PORQUE O CORAÇÃO HUMANO NÃO É FEITO DE PEDRA, E SIM DE AMOR.

CÉU ABERTO

Que de penas, de amofinações, de tormentos cada um se impõe; que de noites de insônia, para aumentar haveres muitas vezes mais que suficientes! Por cúmulo de cegueira, frequentemente se encontram pessoas escravizadas a penosos trabalhos, pelo amor imoderado da riqueza e dos gozos que ela proporciona, a se vangloriarem de viver uma existência dita de sacrifício e de mérito – como se trabalhassem para os outros, e não para si mesmas! Insensatos!
UM ESPÍRITO PROTETOR
[*O Evangelho segundo o espiritismo*, cap. XVI, item 12]

NO DIA 17 DE ABRIL DE 1982, O EVANGElho *segundo o espiritismo* ofertou-nos o item 12 do cap. XVI, "Não se pode servir a Deus e a Mamon", à meditação no culto do abacateiro. Após a prece inicial, o prof. Thomaz, convidado à palavra, discorreu sobre a interessante experiência que um grupo universitário vem realizando ultimamente em Uberaba, MG. Estão desenvolvendo um projeto, denominado "Céu Aberto", que atende às necessidades artísticas dos jovens... E ele faz um paralelo dizendo que, pelo trabalho, carecemos manter o nosso "céu aberto", ou seja: atentar para o imperativo do nosso progresso espiritual.

Ariston Santana Teles, nosso amigo de Sobradinho, DF, lembrou o oitavo centenário de nascimento de Francisco de Assis. Contou que, certa feita, quando estava o inolvidável *poverello* a regar as suas plantas, um irmão, aproximando-se, indagou-lhe:

— Frei Francisco, se nesse momento o senhor soubesse que iria morrer hoje mesmo, o que o senhor faria?

— Eu continuaria regando as minhas plantas... – respondeu Francisco de Assis.

Também convidado a falar, lembrei os 125 anos de doutrina espírita, ressaltando a importância de *O livro dos Espíritos*, lançado em Paris, França, no dia 18 de abril de 1857.

Dona Terezinha Pousa falou também que o dia 18 é considerado o dia do livro, e que neste ano, ainda no dia 18 de abril, comemora-se o centenário de Monteiro Lobato.

Márcia, minha esposa, tece considerações em torno do extraordinário livro do dr. George Ritchie, *Voltar do amanhã*, uma experiência incrível de morte clínica...

Vários outros amigos também foram chamados a colaborar na interpretação do texto evangélico, todos buscando conotações com a problemática dos bens terrenos, do desapego das posses materiais.

Chico ouvia os apontamentos com muita atenção, aliás, como sempre. Ele aparentava estar cansado, pois a reunião da sexta-feira terminara às 6 h de sábado!

Antes da reunião, no abacateiro, alguém comentou com ele que o local estava muito acanhado, sem o mínimo conforto para os visitantes... Ao que ele respondeu:

Quando eu desencarnar, os companheiros da doutrina espírita podem fazer palácios por aqui, mas enquanto eu estiver... O símbolo da doutrina é o serviço.

Agora ele se preparava para comentar *O Evangelho segundo o espiritismo*, convidado também pelo sr. Weaker Batista. Fez um apanhado do que todos nós havíamos falado e foi além... Vejamos:

Não tenho mesmo nem condições físicas para falar, mas o nosso Emmanuel, aqui presente, me pede para dizer alguma coisa. [...] Temos o precursor do "céu aberto" em Jesus Cristo, que ensinou nas praças públicas e deixou o *Sermão da montanha* em pleno ar livre, falando a milhares de pessoas de todas as condições, ensinando o amor, a misericórdia, a brandura, a paz. O *Sermão da montanha* representa para muitos dos estudiosos do progresso humano o maior documento da humanidade. Jesus nos ensinou, sobretudo, a despertar o nosso coração para o amor, e Allan Kardec prosseguiu nessa tarefa doando-nos *O livro dos Espíritos*, que contém os ensinamentos do amor...
Jesus ensinou em barcos emprestados, ensinou em bancos públicos, nas praças em que comparecia, nos montes, nos lares de companheiros... O *Evangelho* nos

relata que muitas vezes Ele ensinou na casa de Pedro, isto é, na casa de Pedro por empréstimo... A única propriedade do Cristo foi a cruz – a cruz do Cristo foi a única propriedade de que Ele foi o único dono. Não se fala de uma casa do Cristo, de um território do Cristo, mas a cruz do Cristo é muito recordada... [Uma de nossas irmãs convidada a falar, dona Marilene Paranhos Silva, havia contado um episódio de Irmão X sobre três cruzes...]

Todos carregamos a cruz que é nossa. Cruzes inventadas com as nossas preocupações excessivas sobre a vida material. Nenhum de nós, por enquanto, soube se acomodar com o necessário... libertação de Francisco de Assis que pode, com muita grandeza, ser pequenino. É um esforço a que estamos sendo convidados. Temos a preocupação com o pão do mês, quando Jesus ensinou: "O pão nosso de cada dia dá-nos hoje..." Acumulamos sem saber se vamos viver até amanhã... desprendimento pessoal um pouco maior. Peçamos a Deus para não estar guardando sobras desnecessárias, pois representa falta na casa do vizinho. Por que havemos de ajuntar tanta coisa de que nos vamos cansar brevemente? Tanta coisa que vai simplesmente definir conflitos, dissensões de famílias... quando nós podemos ter apenas uma casa confortável para nós e para nossa família?!

São preocupações que precisamos deixar.

Fazemos regime para emagrecer. Compramos livros, vamos aos especialistas. É natural: precisamos de saúde, de corpo mais livre. Fazemos ginástica para ter elegância física. Por que não podemos fazer um pouco de regime de desprendimento? Às vezes, o pão apodrece dentro da nossa casa. Um campeão de futebol treina todo o dia, treina sem parar. É muito importante isso. O futebol é um tema de aproximação entre nós neste mundo. Mas se não podemos ser campeões do desprendimento, por que é que não podemos ser aprendizes do desprendimento? Temos de liberar muita coisa que está sobrando, inclusive até mesmo tempo. Temos muito tempo para visitar um doente, para ajudar alguém a compreender determinado trecho de leitura...

Falando de mim, não interpretando neste momento o pensamento de Emmanuel, também tenho muitos erros, desperdiço muita coisa.

Precisamos desprender enquanto é tempo, porque num futuro breve ou remoto, teremos que deixar tudo... deixar tudo de roldão, porque a desencarnação não espera ninguém. Vamos pedir a Deus que nos dê compreensão. É muito mais difícil ser sofisticado, no entanto, hoje, sofisticado é quase que moda. "Eu preciso de *status*" – dizemos. Isso é modo de estabelecer diferença de padrão. [...]

É o que o nosso Emmanuel nos pede para dizer.

Enquanto refletíamos sobre o que acabáramos de ouvir, o nosso irmão Eurípedes era convidado à prece final. ∎

TEMOS O PRECURSOR DO "CÉU ABERTO" EM JESUS CRISTO, QUE ENSINOU NAS PRAÇAS PÚBLICAS E DEIXOU O SERMÃO DA MONTANHA EM PLENO AR LIVRE, FALANDO A MILHARES DE PESSOAS DE TODAS AS CONDIÇÕES, ENSINANDO O AMOR, A MISERICÓRDIA, A BRANDURA, A PAZ.

LARGANDO A PREGAÇÃO

*"Amar o próximo como a si mesmo: fazer pelos outros
o que quereríamos que os outros fizessem por nós" [...]
A prática dessas máximas tende à destruição do egoísmo.
Quando as adotarem para regra de conduta e para
base de suas instituições, os homens compreenderão
a verdadeira fraternidade e farão que entre eles reinem
a paz e a justiça. Não mais haverá ódios, nem dissensões,
mas tão somente união, concórdia e benevolência mútua.*

ALLAN KARDEC
[*O Evangelho segundo o espiritismo*, cap. xi, item 4]

NA REUNIÃO DO DIA 5 DE MAIO DE 1982, a tarde se mostrava muito fria. Todos ali estávamos protegidos por grossos agasalhos, contrastando com a maioria dos irmãos que residem no bairro. Muitas crianças pisavam com os pés desprotegidos a terra úmida... Mas a alegria era tesouro comum a todos nós.

Visivelmente cansado, mas firme, Chico desce do carro que o conduz. Muitos companheiros disputam um seu aperto de mão, um sorriso...

Como de hábito, o prof. Thomaz faz a prece.

Tomando a palavra, Chico explica que ali estamos "hospedados" pelos irmãos que nos recebem para a confraternização. Sua voz soa baixinho, mas ele não se preocupa em que o ouçam. Muitos companheiros já lhe sugeriram colocar algumas caixas de som no ambiente, mas, delicadamente, ele se esquivou.

O Evangelho segundo o espiritismo proporciona-nos à meditação o item 4 do cap. xi, "Amar o próximo como a si mesmo".

O prof. Thomaz diz que "em torno do próximo gravitam todas as nossas decisões, que precisamos, portanto, desejar para o próximo aquilo que desejamos para nós mesmos".

Dona Marilene, que sempre enriquece os seus comentários com uma narrativa do Irmão X ou Neio Lúcio, afirma que "pertencemos todos nós, queiramos ou não, à mesma família".

Por nossa vez, recordamos uma frase inserta na carta que nos enviou um reeducando da Cadeia Pública de Uberaba, mg: "O coração é seu, pode sofrer; o rosto é do próximo, deve sorrir."

Dona Elba, de Goiânia, desenvolve o tema a partir da colocação de que, quanto mais dermos na horizontal, mais receberemos na vertical... E ela fala com a autoridade moral de quem vem sendo, há muitos anos, uma benfeitora dos hansenianos...

Dona Terezinha Pousa afirma que "amar o próximo é libertar-se", recordando a página de Maria Dolores, pelo nosso Chico, intitulada "O irmão do caminho"; dona Tânia diz estar provado que "tudo o que fizermos de bom ou de mal ao nosso semelhante vai repercutir em nós mesmos"; dona Sônia Barsante, distinta diretora do Departamento de Evangelização da Criança da Aliança Municipal Espírita de Uberaba, MG, considera que "todos reencarnamos com um só objetivo: reeducar os nossos Espíritos. Através do amor ao próximo temos lições que devem ser repetidas todos os dias…"

Agora, sr. Weaker solicita ao Chico para falar um pouquinho. E ele narra um caso que aparentemente não tem nada a ver com o tema evangélico, no entanto nos faz meditar profundamente sobre a nossa conduta pessoal ante certos acontecimentos da vida, mormente quando somos chamados a aplicar as lições do Senhor em nós mesmos:

> A cena foi vista por nós há muitos anos; vou descrevê-la não por espírito de crítica ou ironia… É só para sentirmos em nós que o espírito de caridade não deve ter prevenção. Não podemos praticar a caridade atirando "pontos" para quem recebe e, também, não podemos ouvir os outros crendo que os outros estão falando para nós. Devemos abolir isso e compreender. De mim mesmo, eu devo ter todos os defeitos; de um modo ou de outro, todos temos imperfeições ainda a sanar. Os outros não estão falando para nos magoar ou nos ofender; precisamos receber na "esportiva"…

> Dialogando, comentando, vamos aprendendo e, pouco a pouco, podando aquilo que deve desaparecer da nossa própria alma.

E o Chico conta que, numa cidade do Rio de Janeiro, o orador estava falando das imperfeições. Ele e mais dois amigos estavam sentados ao lado de duas senhoras muito distintas. O orador discorria sobre os vícios da humanidade; sobre a guerra, a tirania... e foi descendo. Falou sobre os que têm determinados hábitos, falou muito sobre os alcoólatras, sobre os tóxicos... Abordou uns quarenta pontos de fraquezas da personalidade humana.

Ante a nossa expectativa pelo desfecho do caso, o Chico prossegue:

> Creio que já era muita coisa que ele havia colecionado a respeito das nossas imperfeições. Falava, agora, sobre o fumo, falou sobre o enfisema, condenou o cigarro, o charuto, o cachimbo, falou sobre o pulmão... Essas duas senhoras, em tudo o que ele falava balançavam afirmativamente a cabeça, em sinal de aprovação. Então, continuou o orador dizendo:
>
> — E há, também, uma coisa – é que muitas senhoras e alguns companheiros têm o hábito estranho de mascar fumo. Há mulheres que limpam os dentes com o fumo... É uma coisa medonha...
>
> Foi quando uma virou para a outra e disse:
>
> — A senhora está vendo, dona Maria, ele *largou* a pregação para *mexer conosco!*...

Quando o Chico encerrou, ninguém conseguia conter o sorriso, nem ele mesmo.

Depois arrematou:

Nós estamos sempre *largando* a pregação para *mexer* com os outros... Parecia que quem mais aprovava o que o orador falava eram elas, no entanto, quando ele disse que muitos mascavam fumo até escondidos e que o cheiro era uma coisa horrorosa, elas se levantaram e foram embora...

Nesse clima de descontração e alegria cristã, logo após a prece final, profundamente edificados pela "advertência suave" que chegara do mundo espiritual, fomos repartir os pães e as balas... ∎

NÓS ESTAMOS SEMPRE
LARGANDO A PREGAÇÃO
PARA MEXER COM OS OUTROS...

DE UM MODO OU DE OUTRO,
TODOS TEMOS IMPERFEIÇÕES AINDA
A SANAR. OS OUTROS NÃO ESTÃO
FALANDO PARA NOS MAGOAR
OU NOS OFENDER; PRECISAMOS
RECEBER NA "ESPORTIVA"...

DIALOGANDO, COMENTANDO,
VAMOS APRENDENDO E,
POUCO A POUCO, PODANDO
AQUILO QUE DEVE DESAPARECER
DA NOSSA PRÓPRIA ALMA.

DEVER DE SER ÚTIL

Se Deus houvesse isentado do trabalho do corpo o homem, seus membros se teriam atrofiado; se o houvesse isentado do trabalho da inteligência, seu espírito teria permanecido na infância, no estado de instinto animal. Por isso é que lhe fez do trabalho uma necessidade e lhe disse: Procura e acharás; trabalha e produzirás. Dessa maneira serás filho das tuas obras, terás delas o mérito e serás recompensado de acordo com o que hajas feito.

ALLAN KARDEC
[*O Evangelho segundo o espiritismo*, cap. xxv, item 3]

VAMOS RECORDAR A REUNIÃO DE 22 DE maio de 1982. Um coral da cidade de Jundiaí, estado de São Paulo, entoou belíssimas canções doutrinárias.

O Evangelho segundo o espiritismo oferta-nos uma página do cap. xxv, "Buscai e achareis". Após a prece inicial, Chico passa a palavra aos irmãos que enfocarão o tema da tarde.

Inicialmente, dona Elenir esclarece que cada um está numa faixa evolutiva, destacando a importância do trabalho no progresso espiritual; por nossa vez, recordamos Emmanuel, quando considera que os dois antídotos imprescindíveis no combate à obsessão são justamente a oração – pela qual nos lembramos de Deus – e o trabalho – através do qual nos esquecemos da influenciação perniciosa... Presente à reunião, o conhecido beletrista espírita,

Roque Jacinto, acrescenta que precisamos transformar as informações em trabalho para que o trabalho transforme as informações em conhecimentos...

A nossa irmã dra. Marlene Rossi Severino Nobre se refere à multiplicação dos pães e dos peixes; o nosso confrade Lineu fala das lições de trabalho que a natureza nos oferece... E por último o dr. Marcelo, de Curitiba, comenta Kardec com o célebre "trabalho, solidariedade, tolerância", referindo-se carinhosamente ao exemplo que Chico nos vem legando...

Não sabemos se o Chico estava com intenção de falar alguma coisa neste sábado, ou mesmo se tinha condições, porém, sempre que recebe um elogio, ele não perde ocasião de rebater... E assim solicitou a palavra ao sr. Weaker:

> Agradecemos ao dr. Marcelo... Eu não mereço, porque eu nada fiz para merecer essa consideração. Acho que o trabalho é um dever, e eu tenho tentado cumprir com o meu dever.

Faz um parêntese para pedir ao pessoal de Jundiaí, SP, e aos demais presentes, desculpas por não poder recebê-los como desejaria. Sorrindo, ele prossegue:

> Já vivemos quase que suficientemente para ter os maiores achaques; estamos apenas com alguns...
>
> Sempre – o nosso amigo Emmanuel nos ensina – que alguém se desloca de casa para ir ao nosso grupo

compartilhar de uma prece, nos está dando muito, porque está dando coração e tempo.

Temos aqui companheiros do Pará, na pessoa de dona Sílvia, do nosso amigo dr. Sérgio. Representantes de estados outros que não precisamos nomear. Falamos nisso para mostrar o nosso profundo agradecimento.

Em se falando do trabalho, o nosso Emmanuel nos recorda um tipo de trabalho que habitualmente não vemos, apenas sentimos: o trabalho dos servidores espirituais que nos ajudam de mil modos, através de processos que nós não podemos abordar no momento.

Temos servidores no corpo como sendo o estômago, como sendo os tratos de filtragem aos quais entregamos a alimentação... [E ele discorre sobre os órgãos que trabalham em silêncio, sem pausa...]

[...] A nossa parte no cultivo do campo é muito pequena em comparação com o esforço das entidades espirituais... Tudo é trabalho organizado. A construção de 1 km de estrada custa muito dinheiro, custa muito suor... Às vezes, exige a desencarnação de muitos servidores. A nossa parte é pequena em vista do que se apresenta depois do serviço feito.

[...] Nós não temos motivos para lamentações; basta trabalharmos um pouco para que o muito nos visite.

Muitos dizem: "Eu estou desempregado, estou desesperado..." Conhecemos companheiros que vão até o suicídio. Mas não é o trabalho que estamos procurando. São os vencimentos; estamos procurando *status*...

Estamos aqui numa vila considerada singela, mas é uma honra observar muitas irmãs nossas que trabalham para se sustentar quatro a cinco dias na semana, que não ganham para a semana inteira e recebem com muita alegria o que lhes oferecemos.

E não se vê ninguém falar em suicídio, em falta de fé, apelos a situações menos agradáveis.

Agora Chico explica a palavra *desgraça*, que muitos incorporaram ao vocabulário do dia a dia:

... nós não estamos sem a graça de Deus.

Não deveríamos recusar trabalho em vista dos títulos de que sejamos portadores. [...] Quantos nos ajudaram a crescer, nos auxiliando a estudar, sem que eles mesmos pudessem fazê-lo...

Precisamos cumprir com o nosso dever de sermos mais úteis.

Com a prece de encerramento, passamos à distribuição dos óbolos com os nossos companheiros de aprendizado na Terra, meditando no quanto ainda nos cabe aprender...

O caminho é longo, mas é preciso dar o primeiro passo... Com a doutrina espírita, graças a Deus, já iniciamos a jornada...

**NÓS NÃO ESTAMOS
SEM A GRAÇA DE DEUS.**

**NÃO DEVERÍAMOS RECUSAR
TRABALHO EM VISTA DOS TÍTULOS
DE QUE SEJAMOS PORTADORES. [...]
QUANTOS NOS AJUDARAM
A CRESCER, NOS AUXILIANDO
A ESTUDAR, SEM QUE ELES
MESMOS PUDESSEM FAZÊ-LO...**

**PRECISAMOS CUMPRIR
COM O NOSSO DEVER
DE SERMOS MAIS ÚTEIS.**

CÉREBRO E CORAÇÃO

Não vos ensoberbeis do que sabeis, porquanto esse saber tem limites muito estreitos no mundo em que habitais. [...] A inteligência é rica de méritos para o futuro, mas sob a condição de ser bem empregada.
FERDINANDO
[*O Evangelho segundo o espiritismo*, cap. VII, item 13]

NO DIA 29 DE MAIO DE 1982, MUITOS AMIgos estavam presentes ao culto no abacateiro. Chico mostrava-se alegre, bem-disposto.

Ali, antecedendo à reunião propriamente dita, espíritas de várias partes do Brasil trocavam ideias e impressões sobre a tarefa. Sem dúvida, era uma excelente oportunidade de confraternização.

Com a prece inicial proferida pelo prof. Thomaz, teve início a reunião com *O Evangelho segundo o espiritismo* ofertando-nos aos estudos o cap. VII, "Bem-aventurados os pobres de espírito".

O próprio prof. Thomaz começou os comentários, dando "a dimensão de tempo a ser utilizada pela palavra de cada um", geralmente de dois a quatro minutos. O critério adotado é excelente, porquanto todos têm oportunidade de falar alguma coisa.

Um amigo, o sr. Orlando, do Grupo do IDEAL – Instituto de Divulgação Editora André Luiz –, considerou que, não raro, estamos a desagradar a Deus através dos nossos atos...

O sr. Spartaco Ghilardi, do Centro Espírita Batuíra, em São Paulo, médium que muito prezamos pelo seu devotamento à causa, pediu a Jesus inspiração para que o homem saiba usar a inteligência...

Também chamado a colaborar na palavra, lembrei que os que crucificaram Jesus foram os "doutos" e não os "pobres de espírito"...

Dona Marilene disse que cada um responderá pelo mau ou bom uso da inteligência; dr. Delfino, de Goiânia, frisou que carecemos de aformosear o coração, aproximando--nos do *Evangelho*; Rubens Germinhasi recordou o alerta "Amai-vos e instruí-vos", do Espírito Verdade; dona Elba, esposa do prof. Múcio, de Goiânia, considerou que apenas através do amor teremos condições de usar a inteligência para a paz...

Agora, convidado a falar pelo sr. Weaker, o nosso Chico, visivelmente mediunizado por Emmanuel, assim se pronunciou numa síntese admirável:

> ... observar a necessidade do discernimento e do sentimento, da razão e do ideal, do cérebro e do coração.
>
> Simbolicamente, o nosso cérebro foi colocado acima de todas as demais faculdades... a razão deve inspirar todas as nossas atitudes e conferir os nossos pensamentos do ponto de vista da conveniência...

Mas a vida, a vida em si, comando de todos os fenômenos em derredor de nós, e dentro de nós, está incorporada no coração.

Quando o nosso corpo se forma, no claustro materno, uma das primeiras manifestações é o coração palpitando... Nos casos de saúde, a medicina se preocupa com a chamada parada cardíaca; o coração governa a vida... Parada cardíaca pode afetar o cérebro... O coração comanda todos os fenômenos da vida, a ponto de, nas profecias mais antigas, alguém ter dito: muito cuidado com o coração, porque onde colocarmos o nosso coração, aí estarão o nosso tesouro, a nossa vida.

Compreender a importância da razão, mas a super importância do coração, para que sejamos mais irmãos uns dos outros, com mais compreensão recíproca, para que a nossa vida possa melhorar...

Quando Chico terminou, ficamos a meditar também em dois outros ensinamentos semelhantes, que ele nos deu em outra oportunidade. O primeiro:

Na atualidade, o homem na Terra carece de 90% de sentimento e apenas 10% de intelecto.

O segundo, de Emmanuel, é mais ou menos assim:

Quando o homem cai pelo coração, a própria queda é degrau para que ele se possa levantar; quando cai pela inteligência, é diferente...

Após a prece final, sempre feita por Eurípedes, o culto passou à segunda parte, que consta do "nosso abraço de confraternização aos irmãos que ali vão orar conosco".

Ao longo, as árvores, acariciadas pelo vento suave, pareciam agradecer aquela festa e, apesar do pó vermelho que se levantava do chão, em abundância, filtrando os raios causticantes do sol vespertino, também havia alegria em todos os semblantes.

Nesse clima emocional, nos questionamos: como deverá ter soado, no Monte, há dois mil anos a palavra daquele abençoado peregrino – "Bem-aventurados os pobres de espírito, porque deles é o reino dos céus"!

OBSERVAR A NECESSIDADE DO DISCERNIMENTO E DO SENTIMENTO, DA RAZÃO E DO IDEAL, DO CÉREBRO E DO CORAÇÃO.

A RAZÃO DEVE INSPIRAR TODAS AS NOSSAS ATITUDES E CONFERIR OS NOSSOS PENSAMENTOS DO PONTO DE VISTA DA CONVENIÊNCIA...

MAS A VIDA, A VIDA EM SI, COMANDO DE TODOS OS FENÔMENOS EM DERREDOR DE NÓS, E DENTRO DE NÓS, ESTÁ INCORPORADA NO CORAÇÃO.

OFICINA DA MISERICÓRDIA

A misericórdia é o complemento da brandura, porquanto aquele que não for misericordioso não poderá ser brando e pacífico. Ela consiste no esquecimento e no perdão das ofensas.

ALLAN KARDEC
[*O Evangelho segundo o espiritismo*, cap. x, item 4]

NA SEMANA DO DIA 31 DE JULHO DE 1982, Chico esteve acamado, mas mesmo assim compareceu às reuniões da sexta-feira e do sábado. Ao chegar ao abacateiro, trazido pelo carro de Eurípedes, foi saudado com música, hinos entoados por confrades que viajaram centenas de léguas para vê-lo. Ali conosco, ele comenta:

Não consigo entender o porquê dessa multidão que sempre está em nossas reuniões...

Após a prece inicial, *O Evangelho segundo o espiritismo* ofertou-nos um trecho do cap. x, "Bem-aventurados os que são misericordiosos". Nos comentários proferidos por vários companheiros, o perdão mereceu destaque especial.

Sobre uma pequena mesa de madeira, um vaso com flores e dezenas de garrafas com água para serem fluidificadas nos falam da singeleza daquele encontro assim ao ar livre... A única nota destoante naquele concerto de simplicidade somos nós mesmos...

Embora um tanto abatido, Chico pede para falar. Ele faz questão de frisar que está interpretando o pensamento de Emmanuel. Principia por dizer que qualquer pessoa, para obter um certificado de competência na escola, leva dez, quinze, vinte anos...:

Cada um de nós vem à Terra para aprender, aprender a amar... Não viemos para aprender a ser amados, mas sim a amar. Na ciência do amor, o perdão como a misericórdia têm os lugares mais importantes. Viemos para a Terra com os nossos débitos e com as nossas qualidades. A primeira oficina para o aprendizado da misericórdia é o lar com a família. Dentro de casa ou no campo da consanguinidade, encontramos as ocasiões mais excepcionais para o exercício do verdadeiro perdão [...] esquecimento do mal de maneira mais autêntica.

Consultemos o nosso coração se já sabemos receber uma palavra mais alta, se nos comportamos dentro de casa como junto às autoridades... Temos tanto que aprender no relacionamento com os pais, tios, irmãos... Perdão é matéria para todo dia, para toda hora. [Aqui ele traça um paralelo entre o progresso da inteligência e o do coração, dizendo que o sentimento é chamado a acompanhar o intelecto em seu crescimento.] Qualquer pessoa pode ir ao tribunal, disputar certos direitos, até mesmo ações de filhos contra pais, de pais contra filhos; tudo isso é natural... Veio para nós também uma *época do perdão consciente; conhecendo o mal, mas sabendo que o mal existe dentro de nós.* Ao mal que alguém nos haja feito – vamos ver se somos capazes de silenciar e perdoar de coração. Perdoar os erros de um esposo, de uma esposa, perdoar os erros de um pai, de determinada mãezinha. [grifo nosso]

Destacando a necessidade de combater o amor-próprio e que não estamos em família para exercer o ressentimento, ainda considera Emmanuel, através do nosso Chico:

Vamos pedir a Deus que nos ajude a perdoar dentro de casa, porque quem não vê os defeitos [...] mais facilidade para reencontrar os caminhos iluminados no amanhã.

Certa vez recebemos um pensamento de um amigo espiritual, que dizia que o *mundo começaria a melhorar muito se tratássemos os nossos parentes dentro de casa assim como tratamos as visitas.*

[...] As trevas vão entrando, as influências perniciosas vão entrando e a nossa vida vai se tornando cada vez mais um purgatório. Quando voltamos para "casa", pela desencarnação, voltamos com boletins estranhos, com dependências em muitas matérias, com repetências perfeitamente claras. Damos desgosto de ter perdido tempo e proteção aos que nos amparam, que nos amam tanto que se ocultam...

Estamos cada vez mais livres para decidir sobre os nossos destinos; a maioridade talvez desça de vinte e um para quinze anos, porque com o avanço da inteligência... É muito importante essa história da família. "Larguei minha casa, minha companheira, meu filho..."

Vamos deixando as lições para trás; estamos caminhando para sair do colégio e voltar para "casa"... [grifo nosso]

O Chico, agora, para encerrar, conta:

Em Pedro Leopoldo [MG], fomos procurados por uma senhora sofredora que era casada há dezoito anos... Tinha lições difíceis para dar; seu esposo e seus dois filhos eram complicados; era obrigada a pensar em perdão, em bondade e em compaixão muitas vezes por dia.

Ela pedia a Emmanuel uma orientação. Ele respondeu que ela deveria continuar perdoando sempre. Ela replicou que já estava cansada, doente, ao que o nosso benfeitor redarguiu, lembrando que existiam milhões de pessoas no mundo, cansadas e doentes também. Emmanuel recordou o que disse Jesus a Pedro – perdoarás setenta vezes sete.

Aquela irmã respondeu, então:

— Olha, meu caro amigo, eu já fiz as contas e eu já ultrapassei, em dezoito anos, o número quatrocentos e noventa...

Depois de uma breve pausa, Emmanuel lhe falou, por fim:

— Mas você se esqueceu de uma coisa; *é perdoar setenta vezes sete cada ofensa...* [grifo nosso]

Embevecidos com o ensinamento, e num clima de muita alegria, a reunião foi encerrada com uma prece.

NÃO VIEMOS PARA APRENDER
A SER AMADOS, MAS SIM A AMAR.
NA CIÊNCIA DO AMOR, O PERDÃO
COMO A MISERICÓRDIA TÊM
OS LUGARES MAIS IMPORTANTES.
A PRIMEIRA OFICINA PARA O
APRENDIZADO DA MISERICÓRDIA
É O LAR COM A FAMÍLIA.

AMIGO ALTERADO

"Amar o próximo como a si mesmo: fazer pelos outros o que quereríamos que os outros fizessem por nós" [...] Com que direito exigiríamos dos nossos semelhantes melhor proceder, mais indulgência, mais benevolência e devotamento para conosco, do que os temos para com eles?
ALLAN KARDEC
[*O Evangelho segundo o espiritismo*, cap. xi, item 4]

NAQUELA TARDE DE 21 DE AGOSTO DE 1982, o ambiente era festivo. Companheiros de Santos, sp, cantavam, ao som de um violão, hinos de exaltação à doutrina. Recordamo-nos dos ágapes espirituais descritos por André Luiz em seus livros.

Orientado pelos mentores espirituais, Chico escolheu a lição evangélica que serviria de tema aos comentários da tarde: cap. xi, "Amar o próximo como a si mesmo", item 4.

Vibrações dulcíssimas pairavam no ar.

Após proferir a prece inicial, o prof. Thomaz observou que "o amor alcança dimensões insondáveis pelo pensamento humano..."

O sr. Orlando Moreno, um dos diretores do Instituto de Divulgação Editora André Luiz – IDEAL – falou sobre a viagem que carecemos de efetuar adentro de nós mesmos; por nossa vez, citamos o episódio do "beijo da traição" quando o Mestre, saudando Judas, indagou-lhe: "A que vens, amigo?"

José Luiz, valoroso companheiro de lides doutrinárias, na cidade de Santos, acrescentou: "Tudo o que fazemos na vida demanda exercícios, sacrifícios… É sempre necessário alguém nos dar a mão"; venerável senhora aduziu que "todos precisamos de amor, porquanto, se alguém não nos tivesse amado, provavelmente estaríamos colocados em sérias dificuldades…" E vários outros amigos, a convite do sr. Weaker Batista, continuaram na abordagem do assunto ofertando-nos, em síntese, enfoques valiosos.

Dona Marilene salientou que "amar o próximo como a si mesmo" é o segundo mandamento, mas o primeiro é "amar a Deus acima de todas as coisas"; Márcia, minha esposa, disse que "em verdade, vivemos ainda em clima de egoísmo… trazemos dentro de nós certos preconceitos, mas o amor nos aproxima de Deus, enquanto o ódio d'Ele nos afasta"; dona Sônia Barsante se referiu à exemplificação de Jesus; dona Tânia sentenciou que "quando a gente está bem com o próximo, a gente está bem com a gente mesma; todo caminho é feito por aqueles que têm a coragem de caminhar"; dona Terezinha Pousa citou um Espírito amigo que escreveu: "Quando o amor não vem à frente, a dor vem andando atrás…"

Naqueles instantes, a inspiração do mundo espiritual parecia derramar-se em todas as mentes e corações… Se pudéssemos ver o que se passava na paisagem espiritual… Por mais de uma vez reparamos que dos olhos de Chico Xavier, que contemplavam os céus, escorriam grossas lágrimas…

Agora, para nossa alegria, Chico foi convidado aos comentários. E ele falou com sua voz que nos cativa:

... Sinto-me ante o impositivo de pedir desculpas a tantos amigos e tantos companheiros que nos visitam e aos quais eu não tenho podido corresponder com a minha presença, com a minha hospitalidade...

Sem qualquer ideia de fazer humorismo, eu peço perdão a todos... mas procuramos um meio de racionalizar o assunto...

Eu sempre dispus de um companheiro que me auxiliou nos momentos difíceis da vida. Ele estava sempre pronto a me auxiliar, a me estender as mãos... Eu estou espiritualmente na melhor saúde e no meu melhor bom-humor possível, conquanto a minha indigência. Mas esse amigo mudou bastante e eu tive de levá-lo ao médico. Tive de fazer exames, e os exames vieram com algum comprometimento... Se eu quero sentar, ele quer a cama; se eu me levanto, ele quer sentar; se quero ir a algum lugar, ele tem dificuldade em me acompanhar... Esse amigo já ultrapassou os 70 janeiros... Ele quer a cadeira de balanço... E eu lutando com esse amigo. Não tenho podido estar com os meus amigos, como eu queria. Estou pedindo tolerância, perdão, paciência e bondade a todos, porque esse amigo está na condição de um obsessor pacífico ou amigo alterado. Esse amigo alterado é o meu corpo...

Eu estou muito bem, mas o meu corpo tem me trazido tantos requerimentos, tantos como se eu estivesse trabalhando no Ministério do Trabalho. Lembro-me de uma narrativa... Um homem que numa guerra estava montando um jumentinho. Ele esporeou o jumento e disse:

— Você faça o favor de andar mais depressa, porque assim eu vou ganhar do general fulano com uma vantagem muito grande...

Então, o jumentinho perguntou:

— Sr. general, se o senhor ganhar a guerra, eu vou deixar de ser jumento?

— Não – respondeu o homem –, você vai ser jumento a vida inteira...

Enquanto sorríamos, apreciando a psicologia do ensinamento, Chico arrematou dizendo que é como se ouvisse o corpo a lhe perguntar:

— Se você andar depressa com essas mensagens, eu vou deixar de ir à Terra?...

E concluiu, alegre:

Um patrício foi a Roma, um dia desses, levar um jerico que ninguém quis... Eu estou atrás de um jerico e não acho... ◼

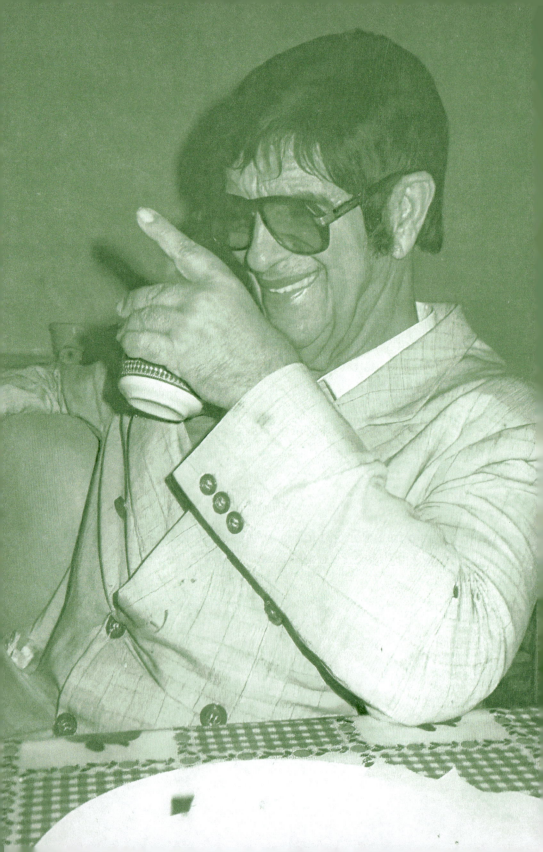

EU SEMPRE DISPUS
DE UM COMPANHEIRO
QUE ME AUXILIOU NOS MOMENTOS
DIFÍCEIS DA VIDA. ELE ESTAVA
SEMPRE PRONTO A ME AUXILIAR,
A ME ESTENDER AS MÃOS...
MAS ESSE AMIGO MUDOU
BASTANTE E EU TIVE DE
LEVÁ-LO AO MÉDICO.

ESTOU PEDINDO TOLERÂNCIA,
PERDÃO, PACIÊNCIA E BONDADE
A TODOS, PORQUE ESSE AMIGO
ESTÁ NA CONDIÇÃO DE UM OBSESSOR
PACÍFICO OU AMIGO ALTERADO.
ESSE AMIGO ALTERADO
É O MEU CORPO...

FEBRE-DESESPERO

Sobre aquele que [...] nada espera após esta vida, ou que simplesmente duvida, as aflições caem com todo o seu peso e nenhuma esperança lhe mitiga o amargor. Foi isso que levou Jesus a dizer: "Vinde a mim todos vós que estais fatigados, que Eu vos aliviarei."
ALLAN KARDEC
[*O Evangelho segundo o espiritismo*, cap. vi, item 2]

NO DIA 11 DE SETEMBRO DE 1982, O EVAN-*gelho segundo o espiritismo* brindou-nos com uma lição do maravilhoso cap. vi, "O Cristo consolador".

Ali presentes, vários corações se reconfortavam com a página "O jugo leve":

> Vinde a mim, todos vós que estais aflitos e sobrecarregados, que Eu vos aliviarei. Tomai sobre vós o meu jugo e aprendei comigo que sou brando e humilde de coração e achareis repouso para vossas almas, pois é suave o meu jugo e leve o meu fardo. (*Mateus*, 11:28–30)

A tarde se mostrava belíssima, com o leve soprar de perfumada brisa que o vento furtara às flores do campo. Ao longe, crianças em bulício emprestavam ao ambiente um toque de alegria.

Após vários companheiros terem interpretado o texto evangélico de maneira inspirada, o nosso Chico pede a palavra, sempre sob a orientação amiga de Emmanuel.

Principia por dizer que inúmeras têm sido as interpretações para o "vinde a mim" do convite de Jesus, mas que foi num dos livros de Yvonne Pereira que ele encontrou o significado real do excelso chamado...

> Jesus não prometeu curar, mas sim aliviar... Ele não disse "eu vos curarei", mas "eu vos aliviarei"... Ele promete alívio...

Continuando, Chico ainda tece considerações sobre o desespero, comparando-o a uma febre...

> A febre não mata, mas é o começo de uma doença... O desespero não nos leva a morrer, mas pode nos conduzir a gestos extremos...

Comentando que os hospitais psiquiátricos estão repletos dos que são atacados pela "febre-desespero", ele explica que Jesus nos pede resignação como preservativo do equilíbrio, da paz... e "encontrareis o repouso de vossas almas"...

> O desespero é uma febre de inadaptação às leis divinas; é falta de aceitação da vida que se tem...

Agora Chico passa a contar que um aprendiz chegando perto de um pastor de ovelhas perguntou:

— Se uma ovelha cair na fossa, o que você fará?

O pastor respondeu:

— Eu a tiro e carrego.

— Mas, e se a ovelha se machucar, se estiver ferida? – tornou o aprendiz.

— Eu a curo e, mesmo se estiver sangrando, eu a carrego – retrucou o pastor.

O aprendiz pensou demoradamente e indagou por fim:

— Mas, e se a ovelha fugir para muito longe, léguas e léguas?

O pastor, zeloso e experimentado, fitando o grande rebanho que pastava no vale, respondeu:

— Eu não posso ir atrás, porque eu não posso deixar todo o rebanho por causa de uma rebelde... Eu mando o cão buscá-la...

Coroando os preciosos apontamentos da tarde, Chico arremata:

A mesma coisa é o Cristo diante de nós, quando nos afastamos do caminho certo, léguas e léguas. Ele não vai atrás, mas vai o cão, que é o sofrimento...

Profundamente edificados com a lição evangélica, fonte de inesgotáveis consolações, após a prece de encerramento, fomos repartir com os irmãos da vila as dádivas que o Senhor nos proporcionara.

"Vinde a mim..."

É preciso caminhar com os próprios pés.

A FEBRE NÃO MATA, MAS É
O COMEÇO DE UMA DOENÇA...
O DESESPERO NÃO NOS LEVA
A MORRER, MAS PODE NOS
CONDUZIR A GESTOS EXTREMOS...

O DESESPERO É UMA FEBRE
DE INADAPTAÇÃO ÀS LEIS
DIVINAS; É FALTA DE ACEITAÇÃO
DA VIDA QUE SE TEM...

JESUS NÃO PROMETEU
CURAR, MAS SIM ALIVIAR...
ELE NÃO DISSE "EU VOS CURAREI",
MAS "EU VOS ALIVIAREI"...
ELE PROMETE ALÍVIO...

NECESSIDADE DE SER ÚTIL

*O Espírito precisa ser cultivado, como um campo.
Toda a riqueza futura depende do labor atual,
que vos granjeará muito mais do que bens terrenos:
a elevação gloriosa. É então que, compreendendo a lei
de amor que liga todos os seres, buscareis nela os gozos
suavíssimos da alma, prelúdios das alegrias celestes.*
LÁZARO
[*O Evangelho segundo o espiritismo*, cap. xi, item 8]

NA TARDE DO DIA 20 DE NOVEMBRO DE 1982, muitos caravaneiros estavam presentes à nossa reunião vespertina no abacateiro.

O Chico chegou amparado por dois amigos, pois havia sido acometido de uma forte labirintite. Assim que desceu do carro, espontaneamente as palmas espocaram no ar. Ele agradeceu, meio sem jeito, mas disse: "Bater palmas para um doente?!..."

Após a prece inicial, como de hábito proferida pelo prof. José Thomaz, Chico leu o texto evangélico: cap. xi, "Amar o próximo como a si mesmo".

O próprio prof. Thomaz foi convidado para iniciar os comentários, "porque assim ele nos dará a dimensão do tempo a ser utilizado por cada um de nós". Em seguida, falaram dona Guiomar Albanesi, o articulista que grafa estas linhas, dona Marilene Paranhos, dona Terezinha Pousa, minha esposa Márcia, dona Sônia Barsante… Em todos os oradores, destacou-se a figura de Jesus, o Seu extraordinário exemplo de amor não amado…

Embora não estivesse bem, o nosso querido Chico pediu a palavra:

> Eu não tenho nem voz para falar… Vamos dizer, uma reunião como esta nos lembra uma visão do nosso futuro… Tudo indica que nós vimos aqui para trazer o nosso coração em forma de bênção e de auxílio para os nossos companheiros… É bem verdade que isso acontece porque somos chamados à confraternização; somos chamados pelas circunstâncias a nos renovar, para pensarmos que, um dia, cada um de nós estará no seio de uma comunidade em que será conhecido de dois, três ou quatro e será desconhecido dos demais, mas todos estaremos unidos no amor de Jesus Cristo.
>
> Imaginem que nós todos perdemos o corpo físico ontem… Mas não perdemos o nosso sentido de viver, porque somos eternos. Então o nosso instinto funcionaria procurando a companhia de outras pessoas… Estaríamos aqui à procura de fazer alguma coisa, a sermos aproveitados nisso ou naquilo…
>
> Não temos méritos para subir aos céus, mas também nos acreditamos filhos de Deus e não seríamos enviados a regiões inferiores… Não deixaríamos de ser nós mesmos; cada qual com aquilo que fez, com as imperfeições

que cada um de nós, especialmente eu, trazemos de vidas passadas... Todos estaríamos ajustando os nossos pensamentos para saber aqui quem é que poderia ensinar, encaminhar, maternar crianças abandonadas... Procuraríamos, enfim, um meio de trabalhar e de servir.

Uma reunião como esta nos lembra reuniões que faremos futuramente; quando chegarmos ao mundo espiritual, procuraremos os que pensam de um modo semelhante ao nosso para sabermos o que vamos fazer. Procuremos fazê-lo, então, desde agora...

Estamos numa reunião em que o acesso é dado a todos, para que não haja nenhuma desculpa; estamos no mesmo chão, debaixo do mesmo teto... Não temos diferenças do ponto de vista social, senão o respeito que devemos a cada um. Sermos como somos, vestirmos o que pudermos... [O Chico, aqui, alude à liberdade que impera numa reunião espírita, onde cada qual comparece como pode e como é, sem recear críticas, sem ter que prestar obediências a protocolo etc.] Essas reuniões precedem as reuniões que virão depois... Partiremos ao encontro de uma vida, e todos sentiremos a *necessidade de ser úteis*, de ajudarmos uns aos outros; buscaremos o auxílio de alguém e alguém buscará auxílio em nós... Vamos pensar nisso. Não é filosofia da morte, não é pessimismo... De quando em vez, vamos pensar que estamos desencarnados... Como vamos ajudar um filho que ficou à distância, uma mãe, um irmão? Reuniões como esta têm a função de repartirmos com os nossos irmãos o pouco que temos [...] Realizam-se, em nome do Cristo, ao ar livre, onde todos puderam estar com todos e ser como são, sem nenhuma pergunta. Estamos livres para pensar que somos eternos e que vamos facear essa situação em outros planos... Isso pode, de certo modo, ativar a nossa marcha para a frente e a nossa melhoria dentro de nós mesmos.

É o que diz o nosso Emmanuel. [grifo nosso]

O vento varria as ruas empoeiradas da vila, provocando evoluções aéreas das folhas que haviam despencado das árvores...

Após a profunda alocução do querido Chico, ficamos a pensar que, de fato, após a morte do corpo, buscaremos a família do coração... Ali reunidos, muitos gostaríamos que estivessem ao nosso lado, no mesmo campo de fé, os afetos amados... Mas cada qual tem a sua trajetória, e Deus não violenta consciência alguma.

Sim, assemelhávamos a um grupo de desencarnados, arregimentando energias para retomar a luta, depois, rumo às estrelas que faíscam no palco azul do infinito... ∎

IMAGINEM QUE NÓS TODOS
PERDEMOS O CORPO FÍSICO
ONTEM... MAS NÃO PERDEMOS
O NOSSO SENTIDO DE VIVER,
PORQUE SOMOS ETERNOS.
ENTÃO O NOSSO INSTINTO
FUNCIONARIA PROCURANDO A
COMPANHIA DE OUTRAS PESSOAS...

PARTIREMOS AO ENCONTRO
DE UMA VIDA, E TODOS
SENTIREMOS A NECESSIDADE
DE SER ÚTEIS, DE AJUDARMOS
UNS AOS OUTROS; BUSCAREMOS
O AUXÍLIO DE ALGUÉM E ALGUÉM
BUSCARÁ AUXÍLIO EM NÓS...

O OUTRO LADO DA CRUZ

"Tome a sua cruz aquele que me quiser seguir", isto é, suporte corajosamente as tribulações que sua fé lhe acarretar, dado que aquele que quiser salvar a vida e seus bens, renunciando a mim, perderá as vantagens do Reino dos Céus, enquanto os que tudo houverem perdido neste mundo, mesmo a vida, para que a verdade triunfe, receberão, na vida futura, o prêmio da coragem, da perseverança e da abnegação de que deram prova.
ALLAN KARDEC
[*O Evangelho segundo o espiritismo*, cap. XXIV, item 19]

NA TARDE DE 30 DE NOVEMBRO DE 1982, após as costumeiras considerações de vários amigos em torno do tema evangélico, foi endereçada uma pergunta a Emmanuel sobre a finalidade de uma reunião assim ao ar livre...

Através do nosso Chico, o estimado benfeitor esclareceu que os amigos das esferas mais altas consideram muito importante a reunião semanal, ou mesmo quinzenal, onde todos tenham acesso à leitura de *O Evangelho segundo o espiritismo* e onde repartamos o pão espiritual que nos alimenta, colaborando para que todos consigam atravessar as veredas da existência.

Emmanuel ainda considerou que somos induzidos a nos fixar uns nos outros, nas nossas tribulações-problemas, onde, numa reunião ao ar livre, iniciamos um trabalho na sementeira do *Evangelho*... Temos, então, mais facilidade para suportar os nossos problemas, que diante dos problemas dos outros ficam realmente muito pequenos... Reuniões assim fazem falta, porquanto nos consolamos mutuamente, encontramos nos companheiros o amparo de que carecemos e vice-versa, exercitando a solidariedade que o Cristo nos ensinou.

Prosseguindo, o Chico desenvolveu o que a nossa irmã Márcia havia comentado sobre a cruz de Jesus:

Registramos a conversa que tivemos há poucas semanas com Jair Presente, Espírito, cuja mensagem dizia que desde criança ficava impressionado com Jesus crucificado, sempre de frente, não conseguindo vê-lo de perfil.

Há pouco tempo ele viu um quadro de um grande artista, e teve a mesma sensação, só enxergando o Cristo de frente; intrigado, perguntou a um benfeitor do além:

— O que haveria do outro lado da cruz?

E a resposta veio em seguida:

— Jair, o Cristo disse: "Aquele que quiser me seguir, ser meu discípulo, negue a si mesmo, tome a sua cruz e venha..." O outro lado da cruz, Ele deixou para cada um de nós. Temos Jesus à nossa frente crucificado, mas o outro lado é nosso...

Para maior compreensão do assunto, solicitamos ao Chico uma cópia da mensagem de Jair Presente, intitulada *O outro lado*, recebida por Chico no dia 30 de agosto, e a reproduzimos aqui de forma inédita:

Na Terra, se via um quadro
Do suplício de Jesus,
Perguntava o que haveria
No outro lado da cruz.

Lado avesso? O que seria?
O esconderijo de alguém?
Alguma espada a esperar
O Mestre do Eterno Bem?

Passei no mundo guardando
Na ocupação mais travessa,
Essa estranha inquisição
Que me agitava a cabeça.

Perdi o corpo na morte...
Nova estrada, novo abrigo,
E a pergunta sem resposta
Ficou vibrando comigo.

Um dia, ouvindo um mentor
Em generosa lição
Transmiti-lhe, de repente,
Minha antiga indagação.

Ele me disse: "Jair,
Reflita, busque pensar…
O outro lado da cruz
É o nosso próprio lugar."

E acentuou: "Quem quiser
Sair do plano comum,
Sofrer e servir com o Cristo
É o ponto de cada um."

Sim, o outro lado da cruz é o nosso próprio lugar, cabendo-nos, por honra, a mesma cruz do Senhor… só que de um lado Ele carrega sozinho, do outro todos nós…

– O QUE HAVERIA DO OUTRO LADO DA CRUZ?

– O CRISTO DISSE: "AQUELE QUE QUISER ME SEGUIR, SER MEU DISCÍPULO, NEGUE A SI MESMO, TOME A SUA CRUZ E VENHA…" O OUTRO LADO DA CRUZ, ELE DEIXOU PARA CADA UM DE NÓS. TEMOS JESUS À NOSSA FRENTE CRUCIFICADO, MAS O OUTRO LADO É NOSSO…

CIÊNCIA DA VIDA

*A incredulidade, a simples dúvida sobre o futuro,
as ideias materialistas, numa palavra, são os maiores
incitantes ao suicídio; ocasionam a covardia moral. [...]
Com o Espiritismo, tornada impossível a dúvida,
muda o aspecto da vida. O crente sabe que a existência
se prolonga indefinidamente para lá do túmulo,
mas em condições muito diversas; donde a paciência
e a resignação que o afastam muito naturalmente
de pensar no suicídio; donde, em suma, a coragem moral.*
ALLAN KARDEC
[O Evangelho segundo o espiritismo, cap. v, item 16]

NA REUNIÃO DO DIA 15 DE JANEIRO, A primeira de 1983, O Evangelho segundo o espiritismo trouxe-nos o tema "O suicídio e a loucura" do cap. v. Em Uberaba, MG, caía uma chuva fininha... Ali, assim reunidos, em contato direto com a natureza, meditávamos no tesouro que temos diante dos olhos e não valorizamos... As árvores, o campo, a água que cai de graça do mais alto, o trinar dos pássaros...

O Chico nos parecia mais compenetrado do que nos outros dias, parecendo sufocar lágrimas de dramas de quantos o buscam para ouvir...

Os companheiros chamados a interpretar o texto da semana foram muito felizes, cada qual emprestando um colorido especial ao assunto.

Dos olhos de muitos escorriam lágrimas discretas; recordo-me daquela senhora limpando-as com os dedos dobrados...

O sr. Weaker convida, então, o nosso Chico para falar:

... em nossos tempos, acorremos às ciências psicológicas, à psicologia, à psiquiatria, à análise... Ciências que nos podem realmente ajudar muito e às quais devemos o máximo respeito, porque representam tentativas, ainda mesmo quando levantadas sobre a base do materialismo absoluto.

Mas temos também a ciência da vida, porque a vida é uma escola e não temos aquisição alguma sem exercício. Mandamos a criança aos 4, 5 anos às escolas; estamos acabando com o período infantil, talvez, em muitos casos, para ficarmos sem a responsabilidade de educação no lar...

Os primeiros professores são os pais, se não conseguirmos semear no coração dos pequeninos os primeiros exercícios de paciência e de calma... Criança que gosta de rasgar papéis é uma criança até certo ponto agressiva. Não podemos permitir que tenha uma liberdade nociva. A vida não é um tempo de férias na Terra, que é uma escola repleta de testes incessantes. Admiramos os campeões do esporte, da dança, esquecendo que aquele campeonato deve ter-lhes custado um esforço imenso... Uma grande pianista, que viveu muitos anos fora do Brasil, afirmava que, se passasse três dias sem exercícios ao piano, sentia os dedos emperrados no quarto dia... Tinha que treinar oito horas por dia...

Treinar paciência. Às vezes, nos esfalfamos para conquistar um diploma, na história, no jornalismo, na administração, mas a única escola que temos para nos ensinar bondade natural, caridade dentro de casa, amor à família [...] porque se não pusermos no nosso coração o ensino religioso, seja qual for, estaremos numa agressividade exagerada. Devemos contar com a luta, com a tempestade, com a doença e até mesmo com a morte... Precisamos estar preparados, compreendendo que a nossa dor não é maior do que a dos outros. Se não temos paciência com uma caneta quebrada, com o café, com o prato à mesa que não vem de acordo com a nossa predileção, como vamos ter paciência com as grandes coisas – se não temos com as pequeninas?!... O choro que vive na preguiça, esquece do trabalho, não é mais choro, é perturbação.

Precisamos ter coração que sente, guardar silêncio e calma nas horas de tempestade na família...

Educação começa nos primeiros meses de idade; mesmo que os pais sejam obrigados a trabalhar fora, ainda sobra tempo para se dialogar com a criança. Mas as crianças ficam com amas mercenárias, que vão dar-lhes tranquilizantes...

Chico faz uma pequena pausa e destaca o problema da criança carente:

Não conheço uma cidade que não tenha periferia sofredora... Mesmo São Bernardo do Campo [SP] tem periferia sofredora. Visitei Poços de Caldas [MG], meu coração doeu quando li numa loja: "Menino pidão, semente de ladrão".

Emmanuel costuma dizer: quando estava mais divulgada a doutrina de Moisés, os rabinos não falavam na palavra caridade, mas os textos mandavam assistir o próximo como obrigação, pura e simples... Era dever auxiliar aquele que perto de nós estava passando necessidade! Precisamos encarar a vida com paciência, coragem e, sobretudo, compreensão humana.

Eu termino com uma pequena estória. Havia um incêndio na floresta. Um pequeno pássaro enchia as asas de gotas de água e as jogava no incêndio... Os outros pássaros riam. O pequeno pássaro explicou-lhes que não tinha pretensão de apagar o fogo, mas que estava fazendo o que podia.

O poder divino pode mais, mas não é rindo que vamos resolver...

Vamos dar as nossas gotas de tempo, de esforço, de dinheiro; até que cheguem os bombeiros, temos que fazer assistência. Precisamos sentir que o perigo na casa do vizinho também é perigo que nos ameaça...

Quando o Chico encerrou, ficamos a meditar naqueles que criticam o trabalho assistencial espírita, alegando que nós não resolveremos o problema do próximo...

E recordamo-nos ainda de Madre Teresa de Calcutá: "Sei que o meu trabalho representa uma gota no oceano, mas sem ela o oceano seria menor."

Trabalhar pela criança carente, prevenindo futuros suicídios, tanto quanto doar aos nossos filhos carinho, atenção e tempo, é zelar pela felicidade deles e nossa também.

**TEMOS A CIÊNCIA DA VIDA,
PORQUE A VIDA É UMA ESCOLA
E NÃO TEMOS AQUISIÇÃO
ALGUMA SEM EXERCÍCIO.**

**A VIDA NÃO É UM TEMPO
DE FÉRIAS NA TERRA,
QUE É UMA ESCOLA REPLETA
DE TESTES INCESSANTES.**

**PRECISAMOS ENCARAR
A VIDA COM PACIÊNCIA,
CORAGEM E, SOBRETUDO,
COMPREENSÃO HUMANA.**

FORÇA PARA FAZER O BEM

As tribulações podem ser impostas a Espíritos endurecidos, ou extremamente ignorantes, para levá-los a fazer uma escolha com conhecimento de causa. Os Espíritos penitentes, porém, desejosos de reparar o mal que hajam feito e de proceder melhor, esses as escolhem livremente.
ALLAN KARDEC
[*O Evangelho segundo o espiritismo*, cap. v, item 8]

DEPOIS DE VÁRIOS DIAS DE CHUVA ININ-terrupta, Uberaba, MG, no dia 22 de janeiro de 1983, amanheceu sob um sol abrasador. A tarde estava convidativa e o Chico parecia bem-disposto, sorrindo para todos.

Após o prof. Thomaz ter proferido a prece inicial, o Chico leu o texto evangélico: cap. v, item 8 de *O Evangelho segundo o espiritismo*.

Convidado a falar, em primeiro lugar, o nosso prof. Thomaz considerou a necessidade da compreensão ante as tribulações da vida; por minha vez, destaquei que, conforme nos dizem os benfeitores espirituais, "toda dor é renascimento..."

Rubens Germinhasi, amigo pertencente ao Grupo do IDEAL, com muita propriedade disse que "as nossas dívidas só serão resgatadas por nós mesmos, e por mais ninguém"; dona Marilene lembrou um pensamento que Emmanuel grafou: "Por meios que desconheces, Deus permanece agindo"; Márcia se referiu que "antes da volta ao corpo, delineamos os nossos caminhos na Terra…"

Vários outros amigos compareceram pela palavra na interpretação do texto, sendo que, pelo que percebemos, uma explicação se ajustava perfeitamente à outra, como peças que se encaixassem… Inspirando os vários oradores, os Espíritos socorriam-nos a todos através das orientações que saltavam dos seus lábios… Convidado a falar, o Chico, que durante todo o tempo parecia fitar a natureza agreste da Mata do Carrinho, como se estivesse a ouvir-lhe a voz inarticulada, assim se expressou:

[…] Somos Espíritos com qualidades boas, mas ainda com qualidades a serem depuradas… Desencarnamos sempre com um certo crédito a nosso favor, mas com um débito ainda maior.

Quando demonstramos boa vontade, aceitação, os benfeitores da vida maior nos auxiliam a descobrir o caminho…

Quando nós nos rebelamos e acreditamos que Deus deve ser um empregado nosso [então é diferente]; naturalmente que não temos o direito de escolher o que seja melhor… É o caso de uma criatura entre nós que haja ultrapassado a sua capacidade de ser uma pessoa agressiva. Todos somos, mas aquele que passa do grau perde o direito de escolher a vida que vai ter dali para adiante.

Devemos estar prontos sempre a reparar as nossas lutas com espírito de reverência à bondade de Deus…

Nascemos e renascemos com determinados tipos de provação; isso fica evidente nas tendências com determinadas criaturas, parentes... Temos de fazer força para superar essa aversão, essa diferença, para que tenhamos bem aproveitada a oportunidade [da reencarnação].

Convivemos com pessoas que, de certo modo, nos vampirizam, levam as nossas forças, nos obrigam a explicações estafantes... *Vamos fazer força para reclamar sempre menos e auxiliar sempre mais.*

Pedimos ao alto, pedimos ao Espírito amigo, ao Espírito benfeitor que nos socorra, nos ajude, mas eles também estão pedindo de nós outros uma resposta... Essa necessidade de vermos a fatalidade que criamos até ontem... Não, movimentemos a capacidade de renascimento interior de que dispomos para recomeçar a nossa vida.

O futuro nos espera para ver a cópia de nossos erros e nossos acertos. Precisamos aproveitar mais, de toda maneira, a nossa experiência terrestre; deixar para trás o que representa riscos maiores... *A tribulação é um clima de escola...*

Quando nós nos inclinamos a fazer conscientemente aquilo que sabemos não ser o melhor... Vamos fazer força para fazer o bem. [grifos nossos]

Quando o Chico encerrou, ficamos a meditar que, de fato, a reencarnação tem sido muito mal aproveitada por nós outros – nós que malbaratamos o tempo, perdendo excelentes oportunidades de crescimento interior por picuinhas. Muita gente tenta nos convencer, ou às vezes somos nós mesmos que lutamos para tanto, e que, estando no mundo, precisamos de levar uma vida consentânea com as exigências e os protocolos da Terra...

Com a prece final, nos voltamos para a tarefa de repartir os singelos óbolos com os nossos irmãos da vila, imaginando quão dura tem sido para aqueles Espíritos a experiência que atravessam, no entanto não saberíamos dizer onde a dor é maior: se no casebre ou no palácio...

Relanceando o olhar para o nosso Chico, vimos quando se inclinava para beijar as mãos de modesta senhora que recolhia das suas algumas cédulas – a ajuda simbólica de poucos centavos, mas que oculta inestimável valor no câmbio divino.

MOVIMENTEMOS A CAPACIDADE DE RENASCIMENTO INTERIOR DE QUE DISPOMOS PARA RECOMEÇAR A NOSSA VIDA.

O FUTURO NOS ESPERA PARA VER A CÓPIA DE NOSSOS ERROS E NOSSOS ACERTOS. PRECISAMOS APROVEITAR MAIS, DE TODA MANEIRA, A NOSSA EXPERIÊNCIA TERRESTRE.

QUANDO NÓS NOS INCLINAMOS A FAZER CONSCIENTEMENTE AQUILO QUE SABEMOS NÃO SER O MELHOR... VAMOS FAZER FORÇA PARA FAZER O BEM.

O GRANDE PROBLEMA DA ATUALIDADE

*Não são os da consanguinidade os verdadeiros
laços de família, e sim os da simpatia
e da comunhão de ideias, os quais prendem
os Espíritos antes, durante e depois de suas encarnações.*
ALLAN KARDEC
[*O Evangelho segundo o espiritismo*, cap. xiv, item 8]

NA REUNIÃO DE 5 DE FEVEREIRO DE 1983, o cap. xiv de *O Evangelho segundo o espiritismo*, "Honrai a vosso pai e a vossa mãe", na sua seção "A parentela corporal e a parentela espiritual" foi estudado no grupo do abacateiro.

As considerações foram as mais diversas: quando crescemos em espiritualidade, a nossa família é a humanidade inteira (Emmanuel); os laços de amor se ampliam com o tempo; a reencarnação fortalece os laços de família; a família é o grupo mais sério a que nos vinculamos; a felicidade do entendimento espírita-cristão; o exercício do amor e da paciência dentro do lar; se o mundo está doente, a causa está na família...

Enriquecendo os apontamentos vespertinos da reunião, e atendendo ao convite formulado pelo sr. Weaker Batista, o nosso Chico também participa dos comentários alusivos ao tema:

Eu creio que, o que teríamos a dizer seria repetir os conceitos emitidos pelos nossos irmãos e irmãs. Em me referindo à palavra de nossa Márcia, não fazendo porém qualquer diferenciação, vemos dentro do lar o grande problema da atualidade.

Queixamos de problemas e disparates que foram acalentados por nós mesmos. Há 40, 50 anos não tínhamos tanta facilidade para que o lar dispusesse de condução; hoje é muito difícil que um lar não tenha um carro... Quantas brigas não estão dentro de uma casa por causa de automóvel? Quantas casas não têm cinco, seis automóveis sem necessidade fundamental?

Antes não tínhamos televisão, hoje temos... tudo nos convida a estarmos fora da responsabilidade e do trabalho. Não é que queiramos um mundo de santos; estamos muito vizinhos dos nossos irmãos animais... Mas quanto trabalho perdido, quanto tempo perdido!... Por exemplo, as lutas de competição: um ser maior do que o outro. As lutas pelos vencimentos de alto gabarito econômico. *Esquecemos do nosso capital verdadeiro para investimento da felicidade, que é a criança. Vamos fazer um exame para ver o que estamos fazendo das crianças.* Eu não me casei, mas comigo se criaram catorze, sendo um deles totalmente paralítico. Tenho compartilhado do problema. Deixamos a criança relegada ao abandono, deixamos que veja na televisão tudo quanto é disparate... Cada menino interpreta à sua maneira. Uns cometem crimes aos 12 anos inspirados nos acontecimentos da TV. A educação não é um processo que possa ser levado a efeito quando a criatura já adquiriu hábitos. Aos 5, 6 anos de idade, começa a necessidade de atender a educação da criança... Há um escritor norte-americano que lançou um pensamento: nunca houve tempo na humanidade em que soubéssemos tanto educar as crianças... dos vizinhos! Aquilo que se precisa aprender começa aos 6 meses de idade... Nós estamos vendo uma geração, uma segunda geração crescendo... Quais são os líderes das duas últimas gerações? Nós não os conhecemos. Vemos uma multidão de crianças grandes... Vemos instituições amparando menores de 14, 15 e 16 anos fichados na polícia com outros nomes; saem para ter com a família no sábado e no domingo e vão operar no crime. Vemos os tóxicos – um problema que ficou perigoso, porque qualquer pessoa que o examine é marcada para ser morta; os bandos não perdoam...

[...] o capital, o banco verdadeiro para o investimento, estamos relegando ao abandono. Não estamos condenando o progresso. Não adianta falar sobre a televisão, pois ela vai continuar. É muito difícil vermos cair um avião de um chefe de estado; eu não tenho notícias que tenha caído o avião do presidente tal, mas é que o avião é cercado por segurança... Vemos o trânsito com meninos irresponsáveis – é porque não tiveram quem os ensinasse a pensar em Deus, a respeitar a vida... É um problema para cada um de nós. Temos pais que dão tudo aos filhos, mas às vezes aparece um que destoa de tudo; aí vemos o problema da reencarnação... Aparece alguém na família mais venerável que, às vezes, desfigura o nome da família.

[...] Há uma corrente de psicologistas que dizem que isto é uma tolice, mas existe uma corrente muito grande de sábios descobrindo que as flores conversam...

Filhos diferentes vêm como testes para nós, precisamos ter muita paciência.

Pensemos nisso tudo e não abandonemos o diálogo... [grifo nosso]

VEMOS DENTRO DO LAR O GRANDE PROBLEMA DA ATUALIDADE.

ESQUECEMOS DO NOSSO CAPITAL VERDADEIRO PARA INVESTIMENTO DA FELICIDADE, QUE É A CRIANÇA.

A EDUCAÇÃO NÃO É UM PROCESSO QUE POSSA SER LEVADO A EFEITO QUANDO A CRIATURA JÁ ADQUIRIU HÁBITOS. AOS 5, 6 ANOS DE IDADE, COMEÇA A NECESSIDADE DE ATENDER A EDUCAÇÃO DA CRIANÇA...

PERDÃO DA NATUREZA

Perdoai, usai de indulgência, sede caridosos, generosos, pródigos até do vosso amor. Dai, que o Senhor vos restituirá; perdoai, que o Senhor vos perdoará; abaixai-vos, que o Senhor vos elevará; humilhai-vos, que o Senhor fará vos assenteis à sua direita.
SIMEÃO
[*O Evangelho segundo o espiritismo*, cap. x, item 14]

A REUNIÃO DO SÁBADO, DIA 26 DE MARço de 1983, trouxe-nos aos comentários o cap. x, na sua seção "Perdão das ofensas".

Estávamos na semana que antecede o natalício do nosso querido Chico... No dia 2 de abril, ele completaria, como o fez, 73 anos de abençoada existência.

Como de praxe, vários amigos falaram sobre o tema da tarde. Digno de nota o que ocorreu, enquanto estudávamos a questão do perdão: um cão de pelos negros passeava, despreocupadamente, por entre as pernas dos companheiros assentados nos bancos... Ele até cheirava mal. Por certo teria rolado nos restos orgânicos de algum outro animal morto, e trazia as patas sujas de lama... Incomodados, alguns batiam levemente com o pé no animal, tentando afastá-lo, até que alguém o agarrou através dos pelos... Ele ganiu muito. Para nossa surpresa, porém, o Chico pediu que lhe pusessem o cachorro no colo... E, sem se importar com a roupa que sujava, ele permaneceu boa parte do culto acariciando aquele vira-lata, sussurrando aos seus ouvidos palavras de carinho... A lição foi grandiosa, e, depois que a reunião se encerrou, muitos estavam alisando o animal...

Vamos reproduzir agora o comentário de Chico sobre o tema do perdão:

> Estou ouvindo o nosso Emmanuel que nos pede um minuto de consideração em torno dos recursos da nossa inteligência, porque, naturalmente, a providência divina nos permitiu a lucidez de que dispomos para podermos discernir tudo aquilo que seja o bem ou o mal.
>
> A natureza em que vivemos, e da qual dependemos diariamente, é um reino em que o Senhor nos situou, para que desfrutássemos de todas as vantagens que Ele nos pudesse oferecer em benefício da nossa vivência e sobrevivência no planeta.
>
> Quantas vezes somos perdoados pelos animais?...
>
> Se as nossas vacas pudessem fazer um sindicato e levar à justiça um requerimento para que não sejam tão maltratadas, tão esgotadas... Se, por exemplo, as árvores frutíferas, não nos perdoassem a agressividade exagerada, não teríamos a nossa mesa tão rica para a refeição de cada dia...
>
> A natureza é também a face do perdão de Deus para conosco.
>
> Quando falamos em perdão, sempre nos colocamos na posição do benfeitor que está apto a perdoar; no entanto, somos tolerados diariamente pela providência divina...

Nós, por exemplo, engordamos o suíno. Quem vê o cuidado de uma pessoa engordar um suíno supõe, naturalmente, que a pessoa está pensando no conforto do animal...

Criamos as galinhas, e, quando queremos aproveitar da carne, as chamamos com muita ternura:

— Vem cá, nega... – e quando ela se aproxima passamos a faca no seu pescoço...

Quando chega o Natal, tempo de honrarmos o Nosso Senhor Jesus Cristo, é o tempo – existem pesquisadores escutando a comunicação com as árvores, os animais – em que a matança é imensa; escolhemos a classe dos perus. Se eles pudessem, corriam de nós mil léguas, quando falássemos o nome de Jesus...

Somos perdoados diariamente...

Ninguém vai deixar de se alimentar... A pecuária vai imperar ainda por muitos séculos. Referimo-nos ao excesso. Se dois frangos bastam, por que matar vinte? Se já temos a carne dos perus, por que querer a do bovino, a do porco, a da perdiz? Referimo-nos ao excesso, porque o excesso nos vicia, criando problemas sérios para a saúde.

Devíamos fazer uma certa poupança dos recursos com que a mãe natureza nos socorre – se lhe acabarmos com todos os recursos, ficamos desvalidos...

Tantos cientistas se preocuparam com esse assunto que criaram a ciência ecológica; é um nome bonito, mas podiam simplificar mais. Amor à natureza, amor a uma árvore, a um muar...

A palavra ecologia é muito bela, mas é uma palavra pouco acessível para nós. Os cientistas nos poderiam ensinar o amor à natureza. Nós não sentimos afinidade com a palavra, os cientistas nos poderiam ajudar... Amor à natureza, aos animais, proteção para com os reinos inferiores...

Encontramos tantos exemplos de bondade, de compreensão, de auxílio no campo dos animais, das árvores, que esse termo – reinos inferiores – é pouco simpático... Não vemos inferioridade no cão que nos ajuda a exercer vigilância na nossa casa, nas vacas que nos fornecem leite como se fossem nossas empregadas... Às vezes, extraímos o leite da vaca, amarrando-lhe o filho à perna... Trabalhei 35 anos no Ministério da Agricultura; lidei com ovelhas, cabras, muares, cavalos, vacas, touros... Eu vi muita coisa. Não podemos classificar essas criaturas como sendo inferiores... Estão no estágio evolutivo que lhes é próprio...

É muito interessante que observemos tudo isso.

Agora é uma observação minha, pessoal. Eu trabalhei numa repartição em que o chefe era um homem boníssimo; ele experimentava a boa vontade, a assiduidade, a disciplina do funcionário, dando-lhe condução para a sua própria residência, depois que esse funcionário trabalhasse por doze anos... Para que eu tivesse acesso a uma charrete, trabalhei, portanto, doze anos... Era considerado um prêmio. Mas na charrete que eu ia, ia também o almoxarife da repartição. O almoxarife era uma pessoa preparada, um bom companheiro. Mas na charrete cabiam apenas duas pessoas. Eu não aprendi a guiar, não aprendi a guiar nem mesmo a mim próprio... Ele é quem guiava a charrete. O burro que nos auxiliava chamava-se Maquinista. O Maquinista andava devagar. Para que o Maquinista andasse depressa tinha que ser ferido no traseiro, e também para o chefe não ver, pois ele não gostava que se maltratasse os animais. O almoxarife construiu uma espécie de ferrão, para que o Maquinista andasse depressa. Meu chefe dizia:

— Engraçado, com esse funcionário, o burro é sempre esperto, ativo...

Se o animal não corresse, ele fazia uma ferroada debaixo da cauda, às vezes fazia até sair um pouquinho de sangue...

Durante seis anos com a charrete, eu vi isso sem poder dizer nada, pois ele era um chefe intermediário... Às vezes, escondido, passava uma pomada no lugar. Se eu denunciasse... ele era pai de família... Depois, ele pediu transferência para os Correios de Belo Horizonte. No dia da despedida, o Maquinista ainda nos levou. Quando voltamos, o burro, muito suado, cansado, trouxe o nosso chefe. Este, então, disse:

— Maquinista, ficamos sem a companhia de fulano de tal, que pena, não é, Maquinista?... Mas você trabalhou, está com a consciência tranquila, não é mesmo, Maquinista?

Eu nunca havia visto um burro rir como um jumento. E ele o fez: "Ah! ah! ah! ah!..." umas quarenta vezes!

Meu chefe me falou:

— Aquela risada daquele burro me impressionou. Você não acha alguma coisa?

— Eu não posso saber, eu sou um servidor – respondi.

Mas havia um companheiro que contou:

— Levante a cauda do Maquinista que o senhor vai ver.

Tinha aquelas cicatrizes enormes.

Meu chefe, então, mandou aposentar o burro, dois anos no pasto sem trabalhar para ninguém... Ele nos perdoava, aguentava tudo aquilo, não podia denunciar... O negócio de aguentar calado não é só conosco, não. ▮

SE AS NOSSAS VACAS PUDESSEM FAZER UM SINDICATO E LEVAR À JUSTIÇA UM REQUERIMENTO PARA QUE NÃO SEJAM TÃO MALTRATADAS, TÃO ESGOTADAS... SE, POR EXEMPLO, AS ÁRVORES FRUTÍFERAS, NÃO NOS PERDOASSEM A AGRESSIVIDADE EXAGERADA, NÃO TERÍAMOS A NOSSA MESA TÃO RICA PARA A REFEIÇÃO DE CADA DIA...

A NATUREZA É TAMBÉM A FACE DO PERDÃO DE DEUS PARA CONOSCO.

A PALAVRA ECOLOGIA É MUITO BELA, MAS É UMA PALAVRA POUCO ACESSÍVEL PARA NÓS. OS CIENTISTAS NOS PODERIAM ENSINAR O AMOR À NATUREZA.

COMPREENDER E TRABALHAR

Com efeito, é certo que a maioria dos casos de loucura se deve à comoção produzida pelas vicissitudes que o homem não tem a coragem de suportar.
ALLAN KARDEC
[*O Evangelho segundo o espiritismo*, cap. v, item 14]

NO DIA 30 DE ABRIL DE 1983, ESTUDAMOS uma vez mais a seção "O suicídio e a loucura" do cap. v de *O Evangelho segundo o espiritismo*. Esclarecemos que, em nossas reuniões, devido ao grande número de irmãos marcados pelo sofrimento e que acorrem a elas procurando lenitivo e esclarecimento, os amigos espirituais sempre preferem um assunto tratado no capítulo "Bem-aventurados os aflitos".

Durante cerca de quarenta minutos, muitos oradores discorreram sobre o tema, sendo que cada um utilizou em suas considerações um tempo médio de três minutos.

Aqui está a essência do que nos ensinou o nosso querido Chico na referida ocasião:

O nosso Emmanuel nos pede uma consideração especial sobre este trecho:

"Com efeito, é certo que a maioria dos casos de loucura se deve à comoção produzida pelas vicissitudes que o homem não tem a coragem de suportar."

Hoje vemos os analistas, os psiquiatras, os psicólogos, todos empenhados em devolver a tranquilidade às pessoas que estão balançando entre a fé e a resignação...

As vicissitudes que nos rodeiam quando temos a coragem de suportá-las – analisemos esse tópico. Vamos recorrer a uma singela imagem. Quando um colégio se abre, naturalmente que a diretoria espera alunos em quantidade; se um fazendeiro adquire um determinado trecho de terra, vai cultivá-la para que desenvolva; se uma senhora abre uma loja, espera clientela... Nós, no espiritismo, somos aquela parcela de cristãos chamados a compreender e trabalhar. Não temos qualquer coisa contra os companheiros nossos que acreditam de outro modo. Allan Kardec abriu-nos um caminho muito vasto. Não se sabe de mensagem alguma em que fôssemos chamados a mostrar santidade; mas existem numerosos convites à cooperação, ao trabalho... Não temos o direito de queixar sobre as dificuldades para a execução dos nossos serviços. Se não fossem os doentes da alma, se não fossem as nossas irmãs em luta consigo mesmas para se harmonizarem com os deveres da maternidade, os desesperados, os tristes, se não fossem aqueles que até mesmo nos insultam, se não fosse o nosso irmão necessitado de socorro, o que é que estaríamos fazendo?!

[...] Nossa luta em doutrina, que todos sabemos que não é fácil perseverar na condição de espírita, de trabalhador cristão – pagamos um preço muito alto... Mas só essa perseverança nos fará compreender a nossa tarefa. Sem aquele que nos persegue, atrapalha... Se encontrássemos apenas pessoas cultas, estudiosas, o que é que essa doutrina estaria fazendo? Se não temos coragem de suportar uma esposa, um esposo, um filho, um parente doente [nos damos pressa em interná-lo para afastá-lo do nosso convívio]; se não toleramos os adversários, se não procuramos compreender os amigos quando se tornam "amigos da onça", o que é que estamos fazendo com a doutrina espírita?

[...] se não compreendermos que tudo isso é material de serviço para nós que somos obreiros de uma causa maravilhosa, o que estaríamos fazendo? Seríamos casas de moscas, não é?

[...] Estamos aqui para compreender os outros e não exigir que os outros nos compreendam, porque a obrigação é nossa; eles não têm essa obrigação. Não é tolerar ajudando a destruição, mas amando, dialogando... Não é criticando que vamos resolver o problema, nem censurando. Nosso irmão vem a nós... Se ele está perturbado, está doente – é material de serviço. Vamos dar-lhe dez, cinco minutos... Vamos falar procurando ajudar muita gente. Essa doutrina não é dos anjos; somos criaturas humanas – eles nos protegem, mas precisamos nos auxiliar uns aos outros e não criticar... Quem cai uma vez pode levantar-se... Todos podemos fazer tudo quanto quisermos. Não precisamos esperar a formação de um grupo espírita para recepção de pessoas santas; vão chegar primeiro os mais infelizes; vão contar as mágoas, às vezes até os seus crimes; vêm atrás de amor. A bondade de Deus não determina o extermínio de ninguém. "Misericórdia quero, não sacrifício." O Senhor nos pede misericórdia. Não crítica, não preguiça... Estamos com uma doutrina de muito serviço, então vamos trabalhar sem espírito de antagonismo, reprovação. Aquele que vem até nós é nosso irmão, nossa irmã.

Alguém pode dizer:

— Eu não posso auxiliar porque não tenho dinheiro...

De fato, o dinheiro pode ajudar muito, mas muitas vezes a pessoa está endinheirada, ela precisa é de uma palavra... Quem viver pensando em bilhete premiado, coisas fáceis, é melhor deixar a causa, porque isso não existe para o espírita – o que existe é trabalho e muito trabalho. [risos]

NÓS, NO ESPIRITISMO, SOMOS AQUELA PARCELA DE CRISTÃOS CHAMADOS A COMPREENDER E TRABALHAR.

ESTAMOS AQUI PARA COMPREENDER OS OUTROS E NÃO EXIGIR QUE OS OUTROS NOS COMPREENDAM, PORQUE A OBRIGAÇÃO É NOSSA; ELES NÃO TÊM ESSA OBRIGAÇÃO. NÃO É TOLERAR AJUDANDO A DESTRUIÇÃO, MAS AMANDO, DIALOGANDO...

O QUE EXISTE PARA O ESPÍRITA É TRABALHO E MUITO TRABALHO.

A CRUZ DE FERRO E A CRUZ DE PALHA

*A vida é difícil, bem o sei. Compõe-se de mil nadas,
que são outras tantas picadas de alfinetes,
mas que acabam por ferir. Se, porém, atentarmos
nos deveres que nos são impostos, nas consolações
e compensações que, por outro lado, recebemos,
havemos de reconhecer que são as bênçãos
muito mais numerosas do que as dores.*
UM ESPÍRITO AMIGO
[O Evangelho segundo o espiritismo, cap. IX, item 7]

NA REUNIÃO DO DIA 9 DE JULHO DE 1983, *O Evangelho segundo o espiritismo* trouxe-nos à meditação a belíssima página enfocando a questão da paciência.

Após a prece inicial, vários companheiros foram convidados a falar. O prof. Thomaz destacou que temos recebido mais benefícios de Deus do que a presença de dor, aflição, obstáculo; por nossa vez, comentamos sobre a "paciência operosa", aquela que aguarda o veredicto do tempo no clima do serviço; Márcia relembrou o ensinamento evangélico: "na paciência possuireis as vossas almas"; dona Terezinha Pousa resumiu em oração, silêncio e trabalho, o de que mais carecemos na atualidade; dona Sônia Barsante falou sobre uma página de Emmanuel em que o estimado benfeitor nos convida a lembrar dos obstáculos que já conseguimos superar na vida, culminando com a convicção de que "Deus vem vindo" em socorro às nossas necessidades... O tema não poderia ser mais oportuno, porquanto a irritação tem estado bem presente na nossa vida diária, principalmente agora em que faceamos crises as mais diversas... Se com grandes doses de paciência já não está fácil, imaginemos sem esse estado de serenidade como as coisas se complicarão ainda mais...

Tomando a palavra, o nosso Chico também dá a sua contribuição aos comentários da tarde, chamando-nos à atenção para a parte do texto evangélico em que o amigo espiritual se refere às pequenas alfinetadas, mas que acabam por ferir:

> ... Pequenas alfinetadas que acabam por ferir... Muitas vezes nós suportamos um "espinho" muito grande, uma prova grande, uma ofensa de caráter público, que nos torna até vaidosos, porque aparecemos como pessoas que perdoam, heróis da vida social... Mas não é tão difícil sofrer assim [quando contamos com o conforto, a solidariedade de muitos]. A mensagem nos pede atenção para as pequenas alfinetadas. Às vezes, a pessoa suporta uma ofensa de caráter público, mas não suporta uma criança birrenta, um filho desequilibrado, as dificuldades criadas por parentes; não suporta um pequeno prejuízo que a pessoa deve carregar perante Deus e ficar calada. Quanto mais tempo passa no tempo presente, mais sofremos a pressão dos acontecimentos em torno de nós. E

essa pressão está dentro da nossa casa, no trânsito, na palavra impensada...

O Chico, sempre interpretando o pensamento de Emmanuel, diz que precisamos estar atentos no dia a dia para esses problemas pequeninos,

que ninguém vê, que somente nós vemos [...]

A cruz do Cristo foi a cruz do Cristo, nenhuma cruz tinha o tamanho da d'Ele...

Antes d'Ele, qualquer revolta era punida com a crucificação...

Quando da revolta de Spartacus, trinta mil servidores foram crucificados em campo aberto... Nós temos notícias disso porque era revolta por revolta; era uma espécie de agressões trocadas... Mas a cruz do Cristo era diferente.

Mas na vida social, na Terra, nós temos as cruzes de ferro e as de palha...

A cruz de ferro são as ofensas públicas – conseguimos carregá-la, porquanto recebemos muita solidariedade... Mas a cruz de palha é pouca gente que sabe carregar... É o tapa em forma de palavras, é a agressão pelo olhar, é aquela frase solta que vem direta... Às vezes, falamos de determinado traço infeliz da comunidade humana, junto da pessoa que traz um pedacinho, e ofendemos a pessoa barbaramente... É a cruz de palha...

Devemos ter paciência para suportar sem falar com ninguém, para não aborrecer ninguém, para que a faísca do nosso desapontamento não incendeie...

Vamos ter muita paciência nessas horas, muita calma, e não comunicar a nossa impressão dolorida a pessoa alguma, porque é caridade. E caridade das maiores. A caridade da doação material nem sempre é a mais difícil. Caridade do perdão das ofensas, caridade da compreensão que fala muito alto perante a vida espiritual...

No encerramento, o Chico ainda se referiu ao conforto do mundo e ao consolo que vem do mais alto,

porque as grandes ofensas falam no mundo da nossa capacidade de perdoar... Vamos ter muita calma uns com os outros para que uma frase diminuta, seja falando ou recebendo, não venha azedar muita gente e suprimir a nossa paz...

A cruz de ferro não é a mais pesada... O difícil é suportar nos ombros a cruz de palha, aquela em forma de pequeninas alfinetadas a todo instante, daqueles que gostam de relembrar as nossas falhas, quedas, remexendo a ferida...

A cruz de ferro, a grande dor sempre desperta a simpatia de muita gente, o auxílio, o socorro; mas a cruz de palha, esse infortúnio oculto, muitas vezes, só Deus vê...

Diante do que o nosso Chico considerou, podemos concluir: a cruz de palha é muito mais pesada do que a de ferro; sim, porquanto, suportando-a, em silêncio, pacientemente, só contamos com o socorro celeste.

Com a prece final, proferida pelo Eurípedes, a nossa reunião foi encerrada, sob as bênçãos de Jesus, o Divino Crucificado.

NA VIDA SOCIAL, NA TERRA,
NÓS TEMOS AS CRUZES
DE FERRO E AS DE PALHA...

A CRUZ DE FERRO
SÃO AS OFENSAS PÚBLICAS –
CONSEGUIMOS CARREGÁ-LA,
PORQUANTO RECEBEMOS MUITA
SOLIDARIEDADE... MAS A CRUZ
DE PALHA É POUCA GENTE
QUE SABE CARREGAR... É O TAPA
EM FORMA DE PALAVRAS,
É A AGRESSÃO PELO OLHAR,
É AQUELA FRASE SOLTA
QUE VEM DIRETA...

SE MULETA FOR ASA, EU ESTOU VOANDO

> *A calma e a resignação hauridas da maneira de considerar a vida terrestre e da confiança no futuro dão ao espírito uma serenidade que é o melhor preservativo contra **a loucura e o suicídio**.*
> **ALLAN KARDEC**
> [*O Evangelho segundo o espiritismo*, cap. v, item 14]

NA REUNIÃO DO DIA 3 DE OUTUBRO – data natalícia do Codificador Allan Kardec – de 1983, o nosso caro Chico estava praticamente sem voz, mas a disposição era a mesma de sempre.

Após a prece inicial, *O Evangelho segundo o espiritismo* ofertou-nos uma página do cap. v, seção "O suicídio e a loucura".

Dos vários companheiros convidados aos comentários, anotamos, de forma resumida, os conceitos que se seguem: "Hoje, mais do que ontem, carecemos de buscar Deus com mais intensidade"; "Evitaremos a tentação do suicídio, procurando apoio em Deus e no trabalho"; "Tudo passa, na Terra, mas o que vem do céu permanecerá"; "Carecemos de conservar a paz interior, para que nos afastemos do desequilíbrio mental"; "A quem mais foi dado, mais será pedido"; "O suicídio é sempre uma fuga, adiando a nossa redenção espiritual"; "Não há mal que sempre perdure"; "O homem é um ser necessitado de compaixão"; "Causa do suicídio é o materialismo"; "Durante milênios desenvolvemos a inteligência em detrimento do sentimento"; "A doutrina espírita é uma bênção de Deus em nossas vidas"; "Se alguém está aflito, ore"...

Pelos painéis acima, verificamos que cada comentário era a continuação lógica do anterior...

Como de hábito, centenas de irmãos permaneciam atentos, todos desejosos de tocar o médium Chico Xavier ou de, pelo menos, ouvi-lo.

Embora afônico, o nosso Chico pede permissão ao sr. Weaker para colaborar na palavra:

O nosso Emmanuel deseja fazer uma consideração em torno do trecho:

"A calma e a resignação hauridas da maneira de considerar a vida terrestre e da confiança no futuro dão ao espírito uma serenidade que é o melhor preservativo contra *a loucura e o suicídio.*"

... no tempo em que os problemas chamados imunológicos nos preocupam a todos, quando a vacina é objeto de campanhas, estamos preocupados com a higiene, preservação da saúde humana, e mesmo quando as ciências psicológicas nos previnem dos chamados traumas... vemos a sabedoria que consta deste trecho, nós, que estamos promovendo a vacinação contra a hepatite e nos afligimos contra a extensão de determinada moléstia, fazemos exames de laboratório para combater males...

Nós precisamos pensar muito nos problemas da emoção desvairada, da comoção excessiva, descontrolada, de que muitos de nós somos vítimas pela nossa própria imprevidência – costuma atacar as pessoas mais cultas, de preferência. São os problemas das desencarnações coletivas, violentas, das cirurgias inesperadas, das lutas que nós sustentamos, às vezes, para salvar a vida de uma criança... Nós, que nos esfalfamos tanto, que lutamos tanto, devemos lutar dentro do padrão de serenidade – melhor preservativo contra a loucura e o suicídio.

Buscamos solução com a medicina para problemas que são essencialmente nossos, do ponto de vista do nosso autocontrole.

Se amanhã aparecer uma comoção internacional em que sejamos colhidos de surpresa, convém imaginar qual será a nossa reação...

Precisamos trabalhar em nós mesmos para construirmos essa resistência. [...] A qualquer crise costumamos colocar toda a nossa capacidade de gritar em funcionamento... Assim, alteramos a vida da família, do grupo doméstico... Precisamos ter coragem se determinado problema surgiu de repente, se uma dor nos colheu de improviso; coragem para suportar sem incomodar vidas alheias. Com pequeno sintoma perturbamos toda a nossa família, como se cada um de nós fosse o centro do mundo.

[...] Estamos num mundo de surpresas. Não sabemos o que pode acontecer amanhã, depois de amanhã... De modo que precisamos criar em nós o espírito de fortaleza, de resistência; só com o nosso próprio fortalecimento ganharemos energia contra o suicídio. Suicídio não é só aquele ato terrivelmente solene de autodestruição... Cometemos muitos suicidiozinhos... Cólera, por exemplo. Estamos no planeta para viver tanto tempo quanto possível. É muito importante falarmos nas horas de consolação que determinado jovem, que determinada criança completou o tempo... Mas precisamos viver muito para aprender um pouco mais, sair da Terra com mais experiência. Isso não se consegue vivendo apenas alguns anos. Interpretar a vida como grande mestra, grande escola. Aprender a viver espiritualmente – vem a desencarnação e estamos aí à vontade... Não, não é assim. Estamos com o nosso corpo espiritual carregado com as forças que instalamos nos nossos centros de energia... Desencarnando precocemente vamos encontrar muitas dificuldades para retomar a nossa mobilidade, a nossa capacidade de direção. Um amigo espiritual nos disse: "Olha, Chico, muitos estão pensando aí que eu estou voando. Eu vou dizer uma coisa: se muleta for asa, eu estou voando."

A esta vida se segue outra. Ontem éramos crianças, juvenilizados, hoje somos mais experientes... Tudo é passagem, fenômeno de caminhada; somos viajores... Os antigos druidas, muito antes de Jesus Cristo, diziam que a vida do homem era uma viagem no planeta de pouso. Uns pousam durante 20, 50, 80, 100 e poucos anos, mas é pousada; vamos sair do hotel... Vamos demorar o mais possível, para sairmos com um bom nome, com raciocínio e sentimento educados. Autoeducação – problema básico para a nossa paz!

A existência na Terra não é um feriado. Não desertemos. O suicídio, afinal de contas, é uma deserção penosa. Não devemos estar correndo a qualquer susto, a qualquer dificuldade, como pessoa incompetente para dirigir o seu próprio corpo ou a sua própria cabeça.

Ao som da prece final, proferida pelo Eurípedes, agradecemos também a Allan Kardec, o grande mestre lionês, fiel intérprete do Espírito Verdade, que através dos fatos da mediunidade deu um golpe de morte no materialismo.◼

SUICÍDIO NÃO É SÓ AQUELE
ATO TERRIVELMENTE SOLENE DE
AUTODESTRUIÇÃO... COMETEMOS
MUITOS SUICIDIOZINHOS...
CÓLERA, POR EXEMPLO.

DESENCARNANDO PRECOCEMENTE
VAMOS ENCONTRAR MUITAS
DIFICULDADES PARA RETOMAR
A NOSSA MOBILIDADE, A NOSSA
CAPACIDADE DE DIREÇÃO.
UM AMIGO ESPIRITUAL NOS DISSE:
"OLHA, CHICO, MUITOS ESTÃO
PENSANDO AÍ QUE EU ESTOU
VOANDO. EU VOU DIZER
UMA COISA: SE MULETA
FOR ASA, EU ESTOU VOANDO."

O JUGO DO MUNDO E O JUGO DO CRISTO

> *"Vinde a mim, todos vós que estais aflitos e sobrecarregados, que Eu vos aliviarei. Tomai sobre vós o meu jugo e aprendei comigo que sou brando e humilde de coração e achareis repouso para vossas almas, pois é suave o meu jugo e leve o meu fardo." (Mateus, 11:28–30) [...]*
> *Entretanto, [Jesus] faz depender de uma condição a sua assistência e a felicidade que promete aos aflitos. Essa condição está na lei por Ele ensinada. Seu jugo é a observância dessa lei; mas esse jugo é leve e a lei é suave, pois que apenas impõe, como dever, o amor e a caridade.*
> ALLAN KARDEC
> [*O Evangelho segundo o espiritismo*, cap. VI, itens 1 e 2]

NA TARDE DE 12 DE NOVEMBRO DE 1983, *O Evangelho segundo o espiritismo* convidou-nos a refletir sobre o item 2, cap. VI, "O Cristo consolador", com destaque para o último parágrafo:

> Entretanto, [Jesus] faz depender de uma condição a sua assistência e a felicidade que promete aos aflitos. Essa condição está na lei por Ele ensinada. Seu jugo é a observância dessa lei; mas esse jugo é leve e a lei é suave, pois que apenas impõe, como dever, o amor e a caridade.

Como de hábito, após sermos conscientizados de que cada orador deveria utilizar no máximo quatro minutos, para que tivéssemos um maior número de opiniões sobre o texto lido, vários companheiros foram convidados à interpretação do trecho evangélico.

Contudo, passemos logo à palavra de Emmanuel, pelos lábios do nosso Chico, que nos reservava ensinamento inesquecível, a todos os que vivemos queixando das disciplinas que o ato de viver nos impõe:

É só uma pequena lembrança do nosso Emmanuel. Diz ele que, na vida primitiva, os seres humanos também primitivos eram tão livres quanto as feras. O lobo se sente em liberdade absoluta, o jaguar, o leão, o tigre... Conseguiram, de certo modo, aceitar o jugo da civilização.

Vejamos a colocação do benfeitor espiritual: os seres considerados, por natureza, indomáveis, acabaram, sob o jugo da própria lei natural, domesticando-se. Mas prossigamos com Emmanuel:

O homem era livre e não sabia de que modo organizar a sua própria alimentação, mas descobriu o fogo; o fogo só funcionava sob o jugo, porque senão devastava a floresta; devia ser limitado à utilidade. Depois, os homens descobriram o problema da construção; mas a construção exigia determinada disciplina dos elementos... Depois, uma série de descobertas: o vapor; mas o vapor só consegue acionar a máquina sob jugo. Era do automóvel

– mas só serve sob jugo. O motor carece de ser disciplinado; se o dono do carro não tem controle... Temos grandes represas para alimentar a força e a luz, mas as águas servem sob jugo. A eletricidade é uma força maravilhosa que o homem consegue medir, mas ainda não descobriu a origem; só nos serve sob jugo: são transformadores, tomadas, ligações... O avião se eleva a grandes alturas debaixo da lei do jugo; sem isso, ele teria de voltar à terra ou se perderia no espaço...

Nós estamos submetidos a determinadas leis sociais, leis de jugo... Quando alteramos, vamos além daquilo que a lei nos permite e somos incursos na chamada "periculosidade", punidos pela justiça; então a justiça nos segrega na piedade, ou na impiedade do cárcere... De modo que nós todos estamos sob leis do jugo.

Agora, a do Cristo, é a mais suave, pois só nos pede amor e caridade para que sejamos felizes. É tão difícil praticar o mal... e depois entrar nas consequências [mas preferimos]. *O bem não nos iria custar preço algum.*

Gostamos de fulano, mas esse gostar tem uma limitação, pois não podemos invadir a liberdade de ele escolher o próprio caminho; para nós, é uma espécie de jugo que carecemos de respeitar sob pena de comprometermos o destino.

O jugo de Jesus é o mais suave do mundo: é perdoar as ofensas, estender as mãos; quando o vizinho tenha dificuldades, deveremos ampará-lo; não é porque isso seja virtude, mas por dever nosso. Jesus nos ensina o amor e a caridade para que tenhamos paz. Imaginemos, por exemplo, uma pessoa irritadiça, reclamando, ameaçando todos com a morte... Quanta complicação essa pessoa traz para o grupo familiar!

[...] Quando não queremos viver o amor nem a caridade, nos entregamos às pressões excessivas, ou então buscamos o suicídio.

Meditemos um pouco no *jugo*, no *dever*, na palavra obrigação...

Sem as bases que Jesus nos deu – o amor e a caridade –, podemos esperar as consequências... [grifos nossos]

Quando o Chico encerrou os comentários, meditamos que, de fato, a vida do homem se resume entre o *jugo do mundo* e o *jugo de Cristo*; quem opta pelo primeiro, busca a liberdade pela fuga ao dever; quem decide pelo segundo, se escraviza ao dever para encontrar a liberdade.

Aos nossos ouvidos, porém, soava a séria advertência: "podemos esperar as consequências..."

NÓS ESTAMOS SUBMETIDOS
A DETERMINADAS LEIS SOCIAIS,
LEIS DE JUGO... QUANDO ALTERAMOS,
VAMOS ALÉM DAQUILO QUE A LEI
NOS PERMITE E SOMOS INCURSOS
NA CHAMADA "PERICULOSIDADE",
PUNIDOS PELA JUSTIÇA;
ENTÃO A JUSTIÇA NOS SEGREGA
NA PIEDADE, OU NA IMPIEDADE
DO CÁRCERE... DE MODO
QUE NÓS TODOS ESTAMOS
SOB LEIS DO JUGO.

AGORA, A DO CRISTO,
É A MAIS SUAVE, POIS SÓ
NOS PEDE AMOR E CARIDADE
PARA QUE SEJAMOS FELIZES.

CHICO XAVIER À LUZ DAS ESTRELAS

*Nas grandes calamidades, a caridade se emociona
e observam-se impulsos generosos, no sentido
de reparar os desastres. No entanto, a par desses
desastres gerais, há milhares de desastres particulares,
que passam despercebidos: os dos que jazem sobre
um grabato sem se queixarem. Esses infortúnios discretos
e ocultos são os que a verdadeira generosidade
sabe descobrir, sem esperar que peçam assistência.*

ALLAN KARDEC
[*O Evangelho segundo o espiritismo*, cap. xiii, item 4]

FUGINDO AO HÁBITO DE TRANSCREVERmos as abençoadas reuniões evangélicas levadas a efeito na Mata do Carrinho, em plena natureza, pedimos vênia aos nossos leitores para narrarmos um episódio diferente envolvendo a figura do nosso amado Chico.

É véspera de Natal! Sábado, dia 24 de dezembro de 1983, como acontece todos os anos, estamos reunidos em reduzida caravana no portão da residência de Chico Xavier. Este ano, também nós, com a graça de Deus, vamos passar o Natal de Jesus com o médium. Pontualmente, às 20 h, em vários carros, a caravana parte.

De início, visitamos duas casas de pessoas muito pobres, enfermas. Com a chegada do Chico, a alegria é geral; as crianças cantam, os adultos aplaudem... Chove fininho e a noite é muito escura, mas ninguém se importa. No bairro mal iluminado, os faróis dos carros em fila assemelham-se a gigantescos vagalumes... Dali, após ligeira distribuição de balas, dinheiro e gêneros alimentícios, vamos para uma outra casa numa extremidade da cidade. Apeamos e entramos no lar modesto. Sobre a cama, uma criança toda deformada, dedilha para o Chico uma viola de brinquedo... Chico distribui felicidade, palavras de encorajamento e esperança.

Mais tarde, já quase às 24 h, estamos no bairro da Abadia, um dos mais carentes de Uberaba, MG; ali visitamos muitas famílias. Numa casa encontramos seis irmãos, todos paralíticos!

Uma "folia de reis" se improvisa. Chico ouve com respeito, segura e beija a bandeira que lhe estendem: "É assim que minha mãe me ensinou..."

Uma figura bastante popular nas ruas de Uberaba também aguarda o ilustre visitante. É um rapaz que sofre há muitos anos de hidrocefalia e que anda num carrinho de madeira, mendigando... Ele canta para o Chico, canções de amor. Pede cigarro, e o Chico vê se alguém lhe pode arranjar algum. Quando saímos da casa, uma verdadeira multidão nos aguarda. Perto de mil pessoas... Agora, as estrelas já brilham no céu. Eurípedes aproxima-se preocupado, temendo que as sacolas não cheguem para todos; nós também nos inquietamos pelas crianças no colo das mães. Como sempre, sereno, o Chico diz: "Vamos começar". Começamos e tudo dá certo. Mais uma lição preciosa aprendemos. É preciso confiar na espiritualidade. Enquanto os pães e as sacolas são repartidos, o Chico distribui pequenas quantias com as mães, que osculam as suas abençoadas mãos, mas ele não deixa por menos e retribui o gesto de fraternidade. Em seguida, vamos orar numa casa onde existe uma jovem excepcional. Já é quase 1 h do dia 25; já é Natal! Jesus está nascendo... O sr. Weaker faz sentida prece e transmite passes. Chico está assentado sobre uma pobre cama, segurando a sacola de óbolos... Lembro-me, ante o quadro que vejo, dos "infortúnios ocultos" de que nos fala *O Evangelho segundo o espiritismo*...

Agora, de novo, dentro dos carros, vamos noutra direção. Entramos na casa de Terezinha; há 52 anos, desde que nasceu, sofre em cima do leito... Para cuidá-la, uma irmã renunciou a casar-se, constituir família. Ela vê Chico e chora. Ele lembra-se de ter prometido a ela no Natal passado um lenço vermelho. Lamenta o esquecimento. Ela não fala; apenas gesticula os braços. "Quem de vocês tem um lenço vermelho para a nossa Terezinha?" – pergunta. O lenço aparece e ela, agora, sorri como uma criança. "É, Terezinha, você foi uma grande bailarina espanhola, não é mesmo?" – diz o Chico.

Finalmente, surge a última visita do roteiro. São quase 3 h. É o lar de conhecida família espírita. Fomos visitar uma jovem que, paralítica desde muito, se movimenta numa cadeira de rodas. Ali nos demoramos um pouco mais. Servem biscoitos, bolachas e um delicioso chá de cravo. Conversamos bastante, o Chico responde algumas perguntas. Estamos cansados, é verdade, mas felizes. O Chico? Pronto para outra... Às 3:30 h nos levantamos, despedimos da família e trocamos cumprimentos com o Chico. Ele nos beija a cada um na face. É hora de repousarmos. Não longe, os galos cantam e a noite-madrugada é de muita paz.

É sempre assim o Natal de Chico Xavier. Visita os "filhos do Calvário". Foi assim também o nosso Natal no ano que passou. Quantas lições de amor ao próximo aprendemos, e temos aprendido, desse bom companheiro, só Deus sabe!...

Enquanto a cidade dorme, um carro desliza no asfalto, sob a luz das estrelas. É Chico Xavier, o fiel servo do Senhor, na luta pela vitória do *Evangelho*. Deus o abençoe!

É VÉSPERA DE NATAL! ESTAMOS REUNIDOS EM REDUZIDA CARAVANA. PONTUALMENTE, ÀS 20 H, EM VÁRIOS CARROS, A CARAVANA PARTE.

CHICO DISTRIBUI FELICIDADE, PALAVRAS DE ENCORAJAMENTO E ESPERANÇA.

FINALMENTE, SURGE A ÚLTIMA VISITA DO ROTEIRO. SÃO QUASE 3 H.

É SEMPRE ASSIM O NATAL DE CHICO XAVIER. VISITA OS "FILHOS DO CALVÁRIO".

ENQUANTO A CIDADE DORME, UM CARRO DESLIZA NO ASFALTO, SOB A LUZ DAS ESTRELAS. É CHICO XAVIER, O FIEL SERVO DO SENHOR, NA LUTA PELA VITÓRIA DO EVANGELHO.

O JUGO LEVE E O JUGO FORTE

*Todos os sofrimentos: misérias, decepções, dores físicas,
perda de seres amados, encontram consolação
na fé no futuro, na confiança na Justiça
de Deus, que o Cristo veio ensinar aos homens.*
ALLAN KARDEC
[*O Evangelho segundo o espiritismo*, cap. vi, item 2]

NO DIA 28 DE JANEIRO REALIZAMOS A nossa primeira reunião do ano de 1984, contando com a presença do nosso Chico. A tarde mostrava-se convidativa; um sol ameno emprestava ao ambiente uma temperatura agradável. O Chico estava muito feliz por iniciar mais um ano de atividades, ali, no bairro; nos semblantes das crianças e dos velhinhos, percebíamos a alegria pela presença do benfeitor amigo...

O Evangelho segundo o espiritismo ofertou-nos um texto do cap. vi, "O Cristo consolador":

> Todos os sofrimentos: misérias, decepções, dores físicas, perda de seres amados, encontram consolação na fé no futuro...

Como de hábito, muitos confrades foram convocados a colaborar nos comentários, cada qual enfocando o tema por um aspecto. No entanto, para ganharmos espaço, passemos logo ao enfoque do nosso Chico:

O nosso Emmanuel, presente, nos solicita alguns minutos de comentário...

... Dentro da lei de burilamento, sem percebermos, nós todos estamos submetidos à lei do jugo, mas, infelizmente para nós, nem sempre escolhemos o jugo que a lei de Deus nos oferece. Esse jugo é leve e a lei é suave, pois que apenas impõe como dever o amor e a caridade – um trecho muito sério que nos deve buscar a atenção no mais íntimo para compreendermos a nossa própria situação.

Quando nos sentimos ofendidos, queremos aplicar a lei do jugo por nós mesmos – então nos defrontamos muitas vezes buscando punição para aquele que nos ofereceu o agravo da ofensa... Se não fizermos isto, seremos chamados de ingênuos ou covardes, mas o jugo suave do amor, inclui o perdão para as ofensas...

Prosseguindo, o benfeitor espiritual, pelos lábios do Chico, nos orienta a posição a ser tomada diante da ofensa, tendo em vista o jugo do Cristo:

... Tomar uma atitude de calma e de paz, que pudesse levar até eles, os nossos companheiros da família e da comunidade, a ideia de que é muito mais fácil esquecer uma ofensa do que levar aquilo para frente, martirizando o nosso coração – esquecer a lei de talião: olho por olho, dente por dente... O jugo é suave porque impõe como dever o amor e a caridade...

Se pudermos dividir um pouco do pouco que tivermos, vamos diminuir a vocação para o assalto, para o latrocínio... com condescendência, diminuiremos a percentagem da violência que está lavrando no mundo pela dureza dos nossos corações – porque não aceitamos aqueles nossos companheiros como irmãos. [Eles já estarão punidos pela própria consciência e pelas leis humanas.] Pelo ato infeliz que pratiquem, têm que suportar a segregação no cárcere, nos mecanismos processuais da justiça. Deveríamos ter a comiseração, auxiliando essas criaturas a reerguerem-se... Lembrar que, por muito estejam erradas, elas continuam imortais, filhas de Deus...

Às vezes, não podemos conviver com essa pessoa – porque o médico ou aquele que faz a enfermagem de alguém, para ajudar o doente, não se deita com ele na cama; ajuda-o à distância, com pensamentos de paz, de compreensão... A lei não manda que nos deitemos no chão para que os outros nos apedrejem. Pede-nos uma atitude de conciliação – vamos encontrar-nos com o agressor numa existência próxima e ele renascerá do nosso corpo, renascerá como familiar... Devíamos compreender, vacinando o nosso coração com amor por todos. Se matou, se feriu, se roubou, louvado seja Deus!, que Deus abençoe!, que tenha forças para carregar as dificuldades que criou para si mesmo! A pessoa, vivendo, encontrará o resultado do que fez; basta viver para que se venha aprender as lições que a lei do Senhor estabeleceu para nós. [...] Vamos criar um mundo novo para nós mesmos...

Tem o jugo leve, mas tem o jugo pesado... O jugo pesado está na lei de causa e efeito. Quando não aceitamos auxiliar, lembremos com amor, compreendendo, justificando, perante nós mesmos, as faltas alheias – nós não podemos exercer as funções de Deus! Quando nos entregamos ao jugo suave, não é indiferença, é uma energia com brandura, é uma brandura enérgica...

Quando nós queremos o jugo forte, geralmente resgatamos as nossas atitudes infelizes com problemas muito mais sérios. Sofremos mutilações, enfermidades congênitas, incompatibilidades, doenças de curas difíceis...

Fulano se curou pelo poder da oração – pela oração sim, mas quando essa oração está unida ao jugo leve, ao perdão, ao amor; se nós fizermos assim, a nossa oração é curativa, está baseada na lei de amor, no jugo leve.

Deveríamos educar os nossos filhos na lei do jugo leve; não é criando costumes desnecessários, não é levando ao amor pelo desperdício, à superioridade... Ensinemos aos nossos filhos que não são melhores do que os outros; que devem partilhar a merenda da escola; levar um pouco do alimento da nossa casa para os companheiros. Vamos criando um mundo novo. Estamos debaixo do jugo de Deus; não adianta fugir, somos imortais.

Emmanuel já escreveu por nosso intermédio: escaparemos da morte quantas vezes for preciso, mas da vida nunca nos livraremos... Um Espírito amigo nos disse que a morte do corpo não é mais do que um sono mais prolongado do qual despertamos como somos, como estamos e como queremos.

[...] Meu Deus! ele está fazendo isto porque não sabe que é imortal, porque vai viver muito tempo, aqui e na vida espiritual!

Fomos criados por Deus para o amor imortal...

— É impossível, não posso perdoar... – fazemos isso, mas entramos no jugo forte – o jugo forte é a resposta que temos às nossas próprias atitudes. Vemos as crianças excepcionais: nada nos dói tanto particularmente do que ver uma criança que não se pode expressar, usar o cérebro, que não ouve, não sente... Encasulou-se dentro de um problema que só com o amor de Deus, dos homens e das mulheres, é que se levantará [...] Se aprendermos a perdoar – não é perdoar com atitude superior –, quem perdoa não fala, esquece... Enquanto colocarmos dentro de nós o espinho do ódio, do ciúme, das qualidades inferiores, teremos que sofrer o jugo forte que está sobre nós todos... Se quisermos entrar no jugo leve – amor e caridade –, modificaremos nossa vida, saúde, relações, até econômicas, porque nos tornaremos pessoas mais simpáticas... Rico é aquele que tem mais amor no coração dos semelhantes.

Não é fácil sair do jugo forte; vivemos nele desde priscas eras, quando estávamos no reino animal... Mas agora temos a razão, não podemos viver como o tigre, como o lobo, o cão raivoso... O próprio boi, que nos serve tanto, foi domesticado na canga... E até hoje, para nos dar a própria carne, o próprio leite, o próprio sangue, sofre no matadouro... O animal que morre, morre para nos ajudar também. Ao me aproximar de um boi, me lembro que os parentes dele me ajudaram, me deram alegria de viver para que eu chegasse aos 70 anos de idade... Quando encontro um cão, tenho que ter misericórdia; se é um gato, não posso dar um chute... Todos foram domesticados a pau para nos ajudar – é o jugo forte. O jugo leve é o do Cristo. Do jugo forte ao jugo leve há uma ponte difícil de ser transposta – a dos nossos hábitos...

[...] Se transmiti direito o que Emmanuel queria... Se não transmiti, vocês me perdoem...

Dominados por forte emoção pelo que acabáramos de ouvir, ao som da prece final, nos deixamos embalar pelas sábias orientações que nos conclamam à emancipação da matéria.

ENQUANTO COLOCARMOS DENTRO DE NÓS O ESPINHO DO ÓDIO, DO CIÚME, DAS QUALIDADES INFERIORES, TEREMOS QUE SOFRER O JUGO FORTE QUE ESTÁ SOBRE NÓS TODOS: A LEI DE CAUSA E EFEITO.

O JUGO LEVE É O DO CRISTO: AMOR E CARIDADE.

DO JUGO FORTE AO JUGO LEVE HÁ UMA PONTE DIFÍCIL DE SER TRANSPOSTA – A DOS NOSSOS HÁBITOS...

PERDOAR OS AMIGOS

A caridade que consiste na esmola dada aos pobres é a mais fácil de todas. Outra há, porém, muito mais penosa e, conseguintemente, muito mais meritória: a de perdoarmos aos que Deus colocou em nosso caminho para serem instrumentos do nosso sofrer e para nos porem à prova a paciência.
UM ESPÍRITO AMIGO
[*O Evangelho segundo o espiritismo*, cap. ix, item 7]

NA REUNIÃO DO DIA 18 DE FEVEREIRO DE 1984, *O Evangelho segundo o espiritismo* ofereceu-nos à reflexão o cap. ix, na sua seção "A paciência".

Chico leu o texto com voz pausada e clara.

Companheiros vários colaboraram nos comentários. A irmã dona Neda Goulart, da cidade de Santos, SP, fez um oportuno apelo à paciência entre nós, os espíritas... Quando o rodízio dos comentários foi concluído, o sr. Weaker passou a palavra ao nosso Chico, que todos, ansiosamente, esperávamos ouvir:

> É apenas uma pequena nota em torno do assunto, para reforçar o que disse a nossa irmã dona Neda Goulart.
> [...] no *Evangelho*, uma pequena frase que justifica o que ela nos lembra, item 15 do cap. X, quando fala da misericórdia – "Perdoar aos inimigos é pedir perdão para

si próprio; perdoar aos amigos é dar-lhes uma prova de amizade". Nossa irmã falou na dificuldade do nosso relacionamento em doutrina. Somos cristãos que fomos abençoados com o livre-arbítrio [...] A liberdade de interpretação dos ensinamentos de Jesus é tamanha que nos deu também uma inclinação muito grande para a crítica. Se somos criticados, respondemos com melindre e paramos de trabalhar; se criticamos, criamos problemas para os companheiros... Quando falamos em perdão, não nos podemos esquecer como sendo força geradora de paciência, que precisa ser utilizada com mais frequência com os amigos do que com os inimigos declarados... Os inimigos se afastam de nós [...] mesmo dentro da família, quando abraçamos a transformação, somos colocados à margem... No grupo dos amigos, vamos encontrar uma batalha incessante – batalha de humildade construída dentro do nosso coração na superação dos obstáculos em benefício da ideia que defendemos e professamos. [Dedicando-nos à mediunidade ou à assistência social etc., estamos sempre debaixo de um teste rigoroso de observação...] Se um amigo, ou os amigos não têm paciência conosco, os grupos não prosperam, não frutificam em amor, em esperança, no socorro espiritual... *Perdoar os amigos!* A gente nunca se lembra que é preciso perdoar os amigos, ter paciência com eles, porque em observações de caráter imediato, que não são verdadeiras, deixamo-nos levar por impressões... Muitas vezes, vamos conhecer a verdade depois de semanas, ou mesmo depois da morte... Na paciência de uns para com os outros, vamos encontrar menos entraves. Então, essa paciência com os amigos é muito importante, porque se nós colocarmos a nossa memória em funcionamento e perguntarmos a nós mesmos quantas vezes tivemos paciência com os inimigos, encontraremos o número um, porque depois não voltamos ao convívio deles... mas se nos indagarmos quantas vezes faltamos com a paciência com os amigos? Vamos nos admirar, porque o número é imenso...

Esse capítulo do *Evangelho* não é novo, mas para nossos sentimentos deve ser novo [...]

Todos os dias somos chamados à paciência com os amigos, a começar com os familiares, com os companheiros mais íntimos, com aqueles que estimamos muito... Muitas vezes, com o espírito possessivo de que estamos imbuídos, queremos o amigo, ou a amiga, como queremos... Se não é possível, vem o melindre – é uma tristeza!

[...] Estamos num mundo que ainda não foi criado totalmente. Diz a *Bíblia* que Deus criou o mundo, mas não que tenha terminado... Estamos lidando com pessoas imperfeitas; todos somos passíveis de errar. Se o mundo não está de todo criado, nós também não estamos... Deus criou o homem e criou a mulher, mas não aperfeiçoou... Estamos muito tempo a caminho; vamos demorar muito... Encontramos pessoas que falam assim [não existe nenhuma crítica] – eu comecei com a mediunidade há trinta anos, mas tive um obstáculo tão grande que parei, agora quero recomeçar... Outro chega e fala – deixei a doutrina há vinte anos por falta de paciência com os amigos... Se a *Bíblia* diz que Deus criou o mundo em sete dias, naturalmente que Ele sabia que era muito pouco e nos deixou entregues aos milênios... [risos]

Escutando um dia um homem que falava com muita propriedade o *Evangelho*, ele disse: "Deus criou a luz, separou as águas, criou os animais, e criou Adão e Eva e foi no sexto dia... Aí, no sétimo, Ele descansou, mas depois de criar Adão e Eva não descansou mais... Descansou só um dia!..." [risos]

[...] Diamante é burilado não com pétalas de rosas; o ouro é levado ao cadinho... Nós todos estamos lutando... Vamos pedir a Deus paciência e pedir aos nossos amigos para que tenham paciência conosco. Eu peço paciência para todo o mundo! Atualmente, dizem que eu estou doente... Sou uma pessoa bem-humorada, carregando uma "engrenagem" que está pesada, mas carrego com muita alegria... Não posso estar com os meus amigos como desejava; às vezes, é dia de uma injeção...

Vou contar aos meus amigos uma pequena passagem. Estávamos na nossa casa e era mais ou menos 10 h. O Weaker e dona Zilda trabalhavam no correio [nome da pequena sala onde cuidam da correspondência]; precisamos trabalhar em ambiente fechado para não sermos interrompidos. Nessa hora, em nossa casa, a governanta não estava. Os amigos que moram conosco, Eurípedes e Vivaldo, não estavam. Um homem pediu um tamborete emprestado e subiu no muro. E começou a gritar: "Chico Xavier, eu preciso falar com você, eu sei que você está aí..." Gritava numa linguagem muito bonita, muito sincera. Mas nós estamos com problemas de angina e, naquele momento, com uma dor terrível. Olhei, vi que o homem estava com a metade do corpo por cima do muro. E o homem pedia... Eu precisava solicitar ao Weaker para dar um telefonema inadiável e tinha que passar por ali. O homem não saía do muro. Eu tinha que atravessar o trecho, e o homem vigiando, em cima do muro... Já fazia uma hora e meia que o homem gritava. Quando o homem parou com os reclamos, achei que tinha ido embora; quando vou saindo, olha o homem lá!

— Bem que eu sabia que você estava escondido, mas é assim mesmo, os outros o escondem... – ele falou.

Eu pensei: "Meu Deus, estou com uma dor terrível, tenho que tomar remédios de cinco em cinco minutos... Não posso desconsiderar o irmão, mas não posso estar com ele. Eu vou ajoelhar aqui, porque ajoelhado ele vai ter dó de mim."

Ajoelhei e pedi:

— Meu amigo, pelo amor de Deus, o senhor não me chama mais, porque estou com dor de angina, quase insuportável... Já passei dos 73 anos, eu não posso estar com o senhor agora. Quem sabe, na sexta-feira ou no sábado?

Ele então me olhou com a maior dó deste mundo e perguntou:

— Chico Xavier, o senhor está tão mal assim?

— Eu estou – respondi –, muito pior do que o senhor pensa. Lá no centro nós podemos orar juntos, mas agora eu peço ao senhor...

O homem replicou:

— É, eu volto outro dia, porque estou vendo que você está verde... [risos]

Aquilo, o joelho doía, porque tem muito tempo que eu não ajoelho, não é? [risos] Mas o homem voltou outro dia e estivemos juntos. Ajoelhar com dor de angina não é brincadeira, não. É uma faca revolvendo o coração...

Enquanto pensamos na seriedade de tudo aquilo que tínhamos ouvido, embora o clima de descontração reinante, Eurípedes proferia a prece de encerramento da reunião. E pensávamos ainda, a sós, que os espíritas precisamos de trabalhar mais e brigar menos, colocando em aplicação os ensinos do Cristo dentro de nossas próprias instituições.

QUANDO FALAMOS EM PERDÃO, NÃO NOS PODEMOS ESQUECER COMO SENDO FORÇA GERADORA DE PACIÊNCIA, QUE PRECISA SER UTILIZADA COM MAIS FREQUÊNCIA COM OS AMIGOS DO QUE COM OS INIMIGOS DECLARADOS...

SE NÓS PERGUNTARMOS A NÓS MESMOS QUANTAS VEZES TIVEMOS PACIÊNCIA COM OS INIMIGOS, ENCONTRAREMOS O NÚMERO UM, PORQUE DEPOIS NÃO VOLTAMOS AO CONVÍVIO DELES... MAS SE NOS INDAGARMOS QUANTAS VEZES FALTAMOS COM A PACIÊNCIA COM OS AMIGOS? VAMOS NOS ADMIRAR, PORQUE O NÚMERO É IMENSO...

PENSAR NO MÍNIMO

O egoísmo, chaga da Humanidade, tem que desaparecer da Terra, a cujo progresso moral obsta. [...] O egoísmo é, pois, o alvo para o qual todos os verdadeiros crentes devem apontar suas armas, dirigir suas forças, sua coragem. Digo: coragem, porque dela muito mais necessita cada um para vencer-se a si mesmo, do que para vencer os outros.

EMMANUEL
[*O Evangelho segundo o espiritismo*, cap. xi, item 11]

NA TARDE DE 25 DE FEVEREIRO DE 1984, O *Evangelho segundo o espiritismo*, no seu cap. xi, item 11, trouxe-nos a página sobre o egoísmo.

Muitos amigos estavam presentes no culto onde, semanalmente, aprendemos lições maravilhosas. Todos os companheiros foram muito felizes na abordagem do tema, ressaltando-se a palavra da confreira dra. Maria Júlia que citou o nosso Chico como um exemplo vivo de abnegação e amor aos semelhantes. Solicitando permissão para dizer alguma coisa, eis o que pudemos registrar da fala do querido Chico naquela tarde inesquecível para os nossos corações:

> Não era minha intenção falar. Agradeço muito à nossa querida amiga dra. Maria Júlia as palavras que não mereço, é muita bondade da parte dela.

Quando falamos em egoísmo, lembramos às vezes umas certas passagens curiosas. Escutava aqui as explicações de nossa irmã Marlene [refere-se à dra. Marlene Rossi Severino Nobre] e me lembrei de um caso ocorrido há uns dez anos. Uma moça de família muita abastada começava a ler doutrina espírita. Se comoveu muito e acreditou que devia renovar-se. Começou ajudar, não só com doações, mas com o esforço próprio, auxiliando a lavar doentes...

Certa vez foi convidada a uma palestra. Era sobre o egoísmo, o egoísmo como sendo a fonte do instinto de posse. Compareceu e seria ouvida por uma assistência de 400 pessoas... Tinha ela muitas joias nos cabelos, braços, dedos. Colares de pérolas legítimas. Era mesmo uma visão de beleza. Começou a falar sobre a caridade como sendo o antídoto do egoísmo. Era também uma mesa redonda, os que desejassem opinar poderiam fazê-lo. Falou uns vinte minutos com muita beleza e sinceridade. Dada a palavra livre, todos os que a conheciam no centro respeitavam-na com muita bondade, já que sabiam que ela trabalhava muito. Mas um joalheiro que estava presente disse-lhe:

— Admito a verdade de tudo o que a senhora está falando. A caridade é contra o instinto de posse. Estamos numa multidão com pouco mais de 400 pessoas... Mas a senhora fala em caridade e se mostra com uma riqueza tão grande... Estou espantado. Não sei se admiro a sua beleza, a sua elegância, a sua cultura, as suas joias, pois são todas legítimas, e a senhora até se arriscou muito na vinda aqui ao Rio... É uma riqueza fabulosa!

Ela sorriu, sorriu, até que o homem terminasse. Depois disse:

— O que o senhor me diz não contradiz... Eu vou dizer ao senhor uma coisa. O meu grupo social me habituou a me apresentar muito bem. Eu aqui venho representar a ideia da nossa causa cristã. Eu já fui muito pior. Quando me apresentava em público, me apresentava com três vezes mais joias... Eu já simplifiquei muito. Nós não deixamos os nossos hábitos de um dia para o outro. Eu creio que vou me desapegar dessas joias todas em favor da nossa obra. Hoje eu vim com o mínimo... Peço perdão se escandalizei o senhor, pois não era minha intenção. Eu já usei muito mais...

Eu fico pensando – continuou o Chico – que nós todos temos que nos desapegar das condições inferiores, mas precisamos de ter paciência. Às vezes uma pessoa muito malcriada já está no mínimo; uma pessoa que xinga muito já está no mínimo. [risos] Não podemos esquecer a lei que determina o espírito de sequência: primeiro a semente, depois a germinação... até os frutos. Não é de uma vez só, não. Se pensarmos no mínimo, vamos compreender que a situação já foi muito pior... [risos]

Era o que nós tínhamos para dizer.

Enquanto ouvíamos a prece final, dando por encerrada a primeira parte de nossas atividades da tarde, *O Evangelho segundo o espiritismo* [cap. x, item 17] repetia-nos:

Sede indulgentes com as faltas alheias, quaisquer que elas sejam; não julgueis com severidade senão as vossas próprias ações e o Senhor usará de indulgência para convosco, como de indulgência houverdes usado para com os outros. ▐

NÓS TODOS TEMOS QUE NOS DESAPEGAR DAS CONDIÇÕES INFERIORES, MAS PRECISAMOS DE TER PACIÊNCIA. ÀS VEZES UMA PESSOA MUITO MALCRIADA JÁ ESTÁ NO MÍNIMO; UMA PESSOA QUE XINGA MUITO JÁ ESTÁ NO MÍNIMO. NÃO PODEMOS ESQUECER A LEI QUE DETERMINA O ESPÍRITO DE SEQUÊNCIA: PRIMEIRO A SEMENTE, DEPOIS A GERMINAÇÃO... ATÉ OS FRUTOS. NÃO É DE UMA VEZ SÓ, NÃO. SE PENSARMOS NO MÍNIMO, VAMOS COMPREENDER QUE A SITUAÇÃO JÁ FOI MUITO PIOR...

DEVER DE CARIDADE

A verdadeira caridade constitui um dos mais sublimes ensinamentos que Deus deu ao mundo. Completa fraternidade deve existir entre os verdadeiros seguidores da sua doutrina.
ISABEL DE FRANÇA
[*O Evangelho segundo o espiritismo*, cap. xi, item 14]

NO DIA 31 DE MARÇO DE 1984, ESTÁVA-mos a nos recordar dos 115 anos da desencarnação de Allan Kardec, o herói da codificação. Invadia-nos a alma um sentimento de profunda gratidão ao inesquecível prof. Rivail, um dos grandes benfeitores da humanidade.

Percebemos quando o carro de Eurípedes encostou, trazendo a figura amiga do nosso Chico. Após os cumprimentos iniciais, teve início o culto, presidido pelo sr. Weaker. *O Evangelho segundo o espiritismo* ofereceu-nos à meditação o item 4 do cap. xi, "Amar o próximo como a si mesmo". Muitos companheiros discorreram brilhantemente sobre o tema da fraternidade, apontando-a como solução para os problemas do relacionamento humano. Quando a palavra nos foi dada, comentamos rapidamente a respeito de Kardec, prestando-lhe, assim, a nossa homenagem...

Ansiosos, aguardamos a palavra sábia do Chico, pois ele assentira quando indagado pelo sr. Weaker se gostaria de falar alguma coisa:

É só para lembrar um tópico, complementando a lembran-ça do Baccelli em torno de Allan Kardec, cujo aniversário de desencarnação comemoramos neste dia.

Conta-se nas tradições que ele era muito querido nas rodas literárias e doutrinárias. Deixou muitos livros, abraçou a formação da doutrina espírita durante 12 anos de trabalho quase sem cessar... Para deixar a maravilha que ele deixou, a *Revista espírita*, a correspondência numerosa, os contatos, os diálogos, as viagens, esse homem teve uma vida de muito trabalho! Em 1869, no princípio do ano, ele com os espíritas imaginaram fazer a primeira livraria espírita do mundo, que seria a livraria de Paris – hoje, pelas circunstâncias da vida francesa, ela não existe mais... – A livraria se propunha a divulgar as obras espíritas. Janeiro, fevereiro, março... aquela turma, sempre uma turma, que nós chamamos nas instituições espíritas como "do fundo da cozinha", haja o que houver está firme, pode haver briga ou confusão... Ele e aquela turma já trabalhavam por três meses. Nos últimos dez dias de março, ele sentiu as chamadas dores precordiais, que hoje são tratadas a tempo, mas no ano de 1869... Começou a sentir aquelas dores no peito, que precedem a determinados problemas difíceis na circulação, como sendo a fibrilação do músculo cardíaco...

A senhora dele, dona Gaby, faltando uns quatro dias para a morte do Codificador, ouviu-o dizer:

— Gaby, eu me sinto indisposto, com muita dor no peito, mas a inauguração da livraria espírita está prevista para o dia 1º de abril; faltam cinco dias para arranjar tudo para uma inauguração tão distinta quanto possível... Eu não me sinto bem, mas no dia 1º de abril eu tenho que inaugurar a livraria.

Ela, então, disse:

— Mas se você estiver com essa dor muito aumentada, podemos deixar para outra semana, daqui a uns quinze dias – nove anos mais velha do que ele, tinha por Kardec um desvelo também maternal...

Naquela época, as viagens não eram tão fáceis. [...] Os amigos que vinham ajudar na inauguração já estavam viajando para Paris, ou com todos os preparativos feitos... A viagem era feita a cavalo, os cavalos em determinadas estações tinham que ser mudados...

E os dois começaram a dialogar:

— Nós temos aí talvez mais de 50 companheiros, da França, da Bélgica. Eu não posso deixar, com dor ou sem dor, eu tenho que ir...

— Mas eu, como sua esposa, não acho que isso esteja certo.

— Mas eu não posso desconsiderar o dinheiro que os irmãos gastaram para vir até aqui.

— Apesar disso tudo, eu aconselharia você a adiar...

— Você me aconselha a adiar, mas e se eu estiver muito mal, no dia 1º de abril, ou que tenha até mesmo desencarnado, já que estamos numa doutrina de caridade, o que é que você faria por mim, se eu estiver incapacitado para ir até o local da livraria, já que a inauguração está prevista para as 10 h... Não podemos fazer os outros esperarem, isto também é caridade...

— Já que a sua decisão é tão firme, no caso desse ato inauguratório, no caso de você piorar...

— E no caso de eu desencarnar?

— Mesmo assim, se você piorar ou desencarnar, eu irei no seu lugar...

E no dia 31 de março ele desencarnou, tudo indica, por um aneurisma; foi repentino. Os amigos começaram a visitar a casa, já bem à noitinha... Então alguém aventou a hipótese:

— Quer dizer, então, que devemos adiar a inauguração?

Dona Gaby respondeu:

— Não, eu e meu marido conversamos sobre isto; ele está na urna; amanhã é o primeiro dia do velório, mas às 10 h eu irei cumprir o que a ele prometi; em nome da doutrina de caridade, eu vou substituí-lo...

De manhã cedo, dia 1º de abril, às 8 h, dona Gaby despediu-se do corpo do esposo e falou com ele que ia cumprir a sua tarefa... Pediu-lhe desculpas por se ausentar de casa e foi para o local... Demorou umas duas horas, deu entrevistas, fez conferências, e depois voltou para junto do corpo do marido... Os jornais da época comentaram muito a sua coragem.

Como percebemos, estamos numa doutrina que nem a morte nos pode privar do dever a cumprir.

Ela era mais velha do que ele nove anos, era também doente, muito magra, tinha enxaquecas, e foi cumprir o ato inaugural... Ela mostrou que é possível, mesmo diante da morte, cumprir com o dever de caridade.

Um dia como hoje, 31 de março, é interessante lembrar... Então, eu me recordei desse fato que foi lido em francês para mim pelo dr. Canuto de Abreu...

Dona Gaby inaugurou a livraria, sem lágrimas, sem lamentações; naturalmente que com o coração arrasado de dor, mas presente, cumprindo o prometido...

Sob a emoção das recordações que a palavra do nosso Chico evocara, e no clima da prece de encerramento, fomos continuar com a tarefa iniciada no século passado por uma plêiade de Espíritos de escol, repartindo as dádivas materiais e espirituais com os nossos irmãos que aguardavam na fila...

ESTAMOS NUMA DOUTRINA
QUE NEM A MORTE NOS PODE
PRIVAR DO DEVER A CUMPRIR.

A SENHORA DE KARDEC, DONA GABY,
ERA MAIS VELHA DO QUE ELE
NOVE ANOS, ERA TAMBÉM DOENTE,
MUITO MAGRA, TINHA ENXAQUECAS,
E FOI CUMPRIR O ATO INAUGURAL
NO DIA DO VELÓRIO DE KARDEC...
ELA MOSTROU QUE É POSSÍVEL,
MESMO DIANTE DA MORTE,
CUMPRIR COM O DEVER DE CARIDADE.

DONA GABY INAUGUROU A LIVRARIA,
SEM LÁGRIMAS, SEM LAMENTAÇÕES;
NATURALMENTE QUE COM O CORAÇÃO
ARRASADO DE DOR, MAS PRESENTE,
CUMPRINDO O PROMETIDO A KARDEC...

O LUGAR DO JUIZ

*O ódio e o rancor denotam alma sem elevação,
nem grandeza. O esquecimento das ofensas é próprio
da alma elevada, que paira acima dos golpes
que lhe possam desferir. Uma é sempre ansiosa,
de sombria suscetibilidade e cheia de fel;
a outra é calma, toda mansidão e caridade.*
ALLAN KARDEC
[*O Evangelho segundo o espiritismo*, cap. x, item 4]

NA TARDE DE 14 DE ABRIL DE 1984, ESTUdamos o cap. x, "Bem-aventurados os que são misericordiosos", de *O Evangelho segundo o espiritismo*.

Todos discorreram com muita propriedade considerando os benefícios do perdão ilimitado, o perdão como sendo libertação para o algoz e para a vítima, o perdão autêntico, a humildade posta em prova, o grande desafio de perdoar, o exemplo do Cristo...

Convidado a falar, Chico, sempre inspirado por Emmanuel, nos brinda com a significativa preleção que transcrevemos abaixo:

> A respeito do perdão, peço licença para contar um episódio. Esse episódio nasceu de acontecimentos da vida – para a qual devemos estar preparados para uma

compreensão cada vez maior de que os erros dos outros poderiam ser nossos [...]

Conhecemos em Pedro Leopoldo [MG] um amigo que foi ultrajado seriamente por um outro. Ambos moravam na capital de Minas. Esse amigo que foi a vítima desse agravo se impregnou de um espírito de vingança muito difícil de ser erradicado. Só falava em matar o opositor; aquele homem, no conceito dele, havia destruído a sua felicidade... Estava procurando um meio de ver se evitava o crime. Em Pedro Leopoldo, dr. Bezerra escreveu que ele tivesse paciência, que a justiça vem de Deus e que não era justo que ele atentasse contra a vida de um homem que também era filho de Deus... Ele se calava, mas dizia que o mundo espiritual precisava lhe dar muita força para não matar aquele homem.

Ele passou a frequentar as reuniões de sexta-feira. Pedia sempre que o dr. Bezerra lhe desse uma palavra, um conselho, pois não tinha disposição para perdoar. Dr. Bezerra repetia que tivesse calma, que o infrator poderia ter sido ele, um filho dele... Aquele homem estava debatendo-se com tendências inferiores muito sérias. Ele, então, me dizia:

— Chico, agora volto mais animado...

Depois, quando retornava, afirmava:

— Venho buscar mais "gasolina", eu estou quase...

Dr. Bezerra voltava a pedir calma, que ele tinha muitos amigos no plano espiritual, que ele esquecesse o inimigo, perdoasse, não alimentasse ideias de vingança...

Isso durou mais ou menos dois anos. Toda sexta-feira chegava buscando força, "preciso de 'gasolina' para mais uma semana" – repetia. Dr. Bezerra escrevia de novo, esclarecendo que pela lei de Deus ninguém tinha o direito de se suicidar ou eliminar a vida do próximo...

Mas ele retrucava dizendo que já havia estudado todo o processo criminal:

— Eu vou passar por isso tudo, mas depois saio livre...

Dr. Bezerra escrevia que ele carregaria o crime na consciência para o resto da vida...

Depois de dois anos, chegou uma sexta-feira. Ele não estava alegre, mas diferente. Eu lhe indaguei:

— O senhor quer que eu ponha o seu nome na mesa?

Ele me respondeu:

— Não, eu não quero mais, porque ontem cedo eu passei na porta desse inimigo e ele estava morto, estavam fazendo o velório, então eu pensei comigo: "Estava tão perto de ele partir, por que haveria de ser eu o criminoso?..."

Quando o Chico termina a narrativa, uma grande emoção toma conta de nossos corações. Ele concluiu:

Por que havemos de tomar o lugar do juiz, intrometer na vida dos outros, extinguir a vida do próximo? A vida do próximo pertence a Deus. O remorso e o ressentimento não têm razão de ser, porque *a pessoa que pratica o mal contra alguém carrega um remorso muito grande na cabeça e no coração.*

Compadeçamo-nos de todos os nossos irmãos que estão dentro desse ciclo de violência que atravessamos... Pela paciência, pela calma, pela confiança em Deus, pela fortaleza de trabalhar cumprindo com os nossos deveres, estaremos mais tranquilos no amanhã. [grifo nosso]

A prece final emoldurou o belo quadro que a sabedoria do nosso companheiro havia pintado com as cores reais e vivas de uma triste experiência, e, aos nossos ouvidos, ressoava a Voz do Senhor suplicando ao Pai perdão em favor da humanidade inteira...

POR QUE HAVEMOS DE TOMAR O LUGAR DO JUIZ, INTROMETER NA VIDA DOS OUTROS, EXTINGUIR A VIDA DO PRÓXIMO? A VIDA DO PRÓXIMO PERTENCE A DEUS. O REMORSO E O RESSENTIMENTO NÃO TÊM RAZÃO DE SER, PORQUE A PESSOA QUE PRATICA O MAL CONTRA ALGUÉM CARREGA UM REMORSO MUITO GRANDE NA CABEÇA E NO CORAÇÃO.

37 ZEROS!

*[...] naquele que nem sequer concebe a ideia do mal,
já há progresso realizado; naquele a quem essa ideia acode,
mas que a repele, há progresso em vias de realizar-se;
naquele, finalmente, que pensa no mal e nesse pensamento
se compraz, o mal ainda existe na plenitude da sua força.
Num, o trabalho está feito; no outro, está por fazer-se.*
ALLAN KARDEC
[O Evangelho segundo o espiritismo, cap. VIII, item 7]

NO DIA 28 DE ABRIL DE 1984, O NOSSO Chico, ante o comentário de vários companheiros presentes sobre a desencarnação de alguns confrades valorosos na divulgação doutrinária, diz, sorrindo:

É... minha classe está sendo convocada... Se eu for chamado, pego a mochila...

Dando início à reunião, *O Evangelho segundo o espiritismo* oferece-nos à reflexão da tarde o tema do cap. VIII, "Bem-aventurados os que têm puro o coração".

Após os comentários de praxe, na palavra dos amigos que colaboraram no estudo da lição com preciosos apontamentos, o Chico solicita permissão para também dizer alguma coisa:

É apenas um tópico, depois da palavra de nossa irmã dona Adette, a quem agradecemos muito não só pelo que nos ensina, mas também pelo que exemplifica.

Emmanuel nos pede para considerar este trecho: "[...] naquele a quem essa ideia [do mal] acode, mas que a repele, há progresso em vias de realizar-se [...]" A maioria de nós outros estamos aqui dentro dessa faixa. Nós todos queremos o bem, mas no momento exato, por muito nos esforcemos, o mal parece que aperta o cerco e acabamos perdendo muito, ou pouco, mas é muito raro sairmos vencedores dessa prova do mal em nós mesmos... Metade da nossa alma está cultivando para o bem. [Nesse trecho, Chico se refere à batalha que o bem e o mal travam dentro de nós, onde quase sempre o mal prevalece.] Temos as nossas horas de teste; nós todos temos o nosso teste de resistência... Quando somos desafiados a um duelo de palavras ásperas, difíceis, se temos força de guardar silêncio para abençoar a pessoa que nos maldiz...

[...] A nossa luta é muito grande. Devemos pensar nisso, porque a maioria de nós outros, falo essencialmente de mim, vamos a uma reunião, lemos uma mensagem, um livro, nos inflamamos, mas no momento exato de nos esquecermos, nos apagarmos, nos derrotarmos... de servir de pedestal para que outro brilhe...

O mal está em nós mesmos, em nossas tentações, tentações que nascem de nós. Ninguém nos tenta, nós é que somos tentados por nós mesmos.

[...] Muitas vezes nos sentimos dispostos a esses exemplos, dentro de casa ou no nosso grupo social, somos induzidos, mas no momento preciso do teste,

pessoas assim como eu ganham sempre a *nota zero*, outros ganham 2, outros 5...

Para terminar, eu vou dizer, não a título de anedota,
mas de ensinamento. Trabalhei muitos anos no Ministério
da Agricultura, 35 anos, aposentei-me. Chamado a um
concurso no Rio de Janeiro para uma promoção substancial [...] as notas começavam de 40 até 100 [a pessoa se
classificava]. Quem tivesse nota de 1 até 40 era *zero total*.

Eu recebo mensagens, os Espíritos transmitem livros,
o concurso no Rio, as salas com muita gente, todos nos
fixando... Fizemos a prova e daí a três dias sai o resultado – *eu tinha tirado 37 zeros!!!* Então o diretor do DASP
[Departamento Administrativo dos Serviços Públicos], um
homem muito ponderado, dr. Luiz Simões Lopes, chamou
o meu chefe e disse:

— Eu tenho vontade de conhecer o Francisco Xavier...

Meu chefe veio envergonhado, um general amigo me
protegia... Fui à sala do diretor já sabendo que tinha ga-
nho *37 zeros!* Ele me cumprimentou dizendo que era um
prazer me conhecer:

— Quero conhecê-lo por causa de minha senhora. Ela
leu o livro *Paulo e Estêvão* e gostou muito, mas eu agora
me interesso por essa doutrina que minha mulher abraçou,
porque eu sou ateu, ninguém nunca tirou nesse concurso
tantos zeros... Você não poderia ter escrito esses livros
todos... Pode voltar a Pedro Leopoldo [MG] e continuar
a trabalhar, porquanto a lei do Getúlio permite... [risos]

Na hora de minha desencarnação, eu não sei se essa conta de zeros será dobrada, falando com muita sinceridade...

Com a prece final encerramos a tertúlia evangélica, enquanto todos meditávamos em tudo quanto ouvíramos, questionando a nós próprios: qual tem sido o meu aproveitamento espiritual na presente encarnação? como estará a minha ficha nos arquivos da consciência?

O MAL ESTÁ EM NÓS MESMOS, EM NOSSAS TENTAÇÕES, TENTAÇÕES QUE NASCEM DE NÓS. NINGUÉM NOS TENTA, NÓS É QUE SOMOS TENTADOS POR NÓS MESMOS.

MUITAS VEZES NOS SENTIMOS DISPOSTOS A ESSES EXEMPLOS, DENTRO DE CASA OU NO NOSSO GRUPO SOCIAL, SOMOS INDUZIDOS, MAS NO MOMENTO PRECISO DO TESTE, PESSOAS ASSIM COMO EU GANHAM SEMPRE A NOTA ZERO, OUTROS GANHAM 2, OUTROS 5...

FUI CHAMADO A UM CONCURSO NO RIO DE JANEIRO PARA UMA PROMOÇÃO SUBSTANCIAL...

FIZEMOS A PROVA E DAÍ A TRÊS DIAS SAI O RESULTADO – EU TINHA TIRADO 37 ZEROS!!!

MORDOMIA

Que queria Jesus dizer por estas palavras: "Bem-aventurados os que são brandos, porque possuirão a Terra", tendo recomendado aos homens que renunciassem aos bens deste mundo e havendo-lhes prometido os do céu? Enquanto aguarda os bens do céu, tem o homem necessidade dos da Terra para viver. Apenas, o que Ele lhe recomenda é que não ligue a estes últimos mais importância do que aos primeiros.

ALLAN KARDEC
[*O Evangelho segundo o espiritismo*, cap. ix, item 5]

NA REUNIÃO VESPERTINA DO DIA 2 DE junho, do ano de 1984, *O Evangelho segundo o espiritismo* ofereceu-nos às reflexões o item 5 do cap. ix, "Bem-aventurados os que são brandos e pacíficos". Logo após o nosso querido Chico ter lido o referido texto, o sr. Weaker, dando início aos comentários, solicita a cooperação dos oradores para que não excedam o tempo de quatro minutos, para que tenhamos um maior número de opiniões sobre o assunto. Assim, vários companheiros, convidados a falar, discorrem com felicidade ensejando-nos novas ideias.

Ao final, Chico pede permissão para dizer alguma coisa:

O nosso Emmanuel nos convida a atenção para uma pequena estrutura do texto – a maravilha que o texto contém; a observação é de Allan Kardec: "Enquanto aguarda os bens do céu, tem o homem necessidade dos da Terra para viver." Esse "para viver" deveria estar em nossas almas num sentido profundo, porque nós temos necessidade dos bens da Terra para viver, não para rixar uns com os outros, estabelecer diferenças, criar dissensões de classes, sobretudo para criar esse mundo de angústia que às vezes nós trazemos por nossa própria culpa. Às vezes, nós obtemos um salário muito superior à nossa expectativa – dizemos isso em tese, não estamos individualizando [...] determinado homem recebe, por exemplo, um milhão durante o ano [ele não esperava tanto], mas mesmo assim se alguém criar qualquer problema dentro desse milhão, ele se sente ofendido e se diz prejudicado. Se ganhou o que era justo, por que não se contenta em ficar com o que ganhou [quer sempre mais].

Isso obriga o governo a estimular os impostos... Na Inglaterra, por exemplo, a criatura tem um teto para pagar impostos... Vamos dizer que a pessoa é observada pelo rendimento de cem mil cruzeiros por ano, para não dizer quinhentos mil, um milhão – nesse teto de cem mil cruzeiros, pagará o imposto de renda; em cada milhão tem que dar ao governo novecentos mil cruzeiros... A nossa cobiça obriga o próprio governo a nos controlar, e estamos caminhando para isso. A qualquer momento teremos leis que nos irão fiscalizar ainda mais, porque não estamos sabendo receber os bens da Terra para viver, mas para acumulá-los, e para acumulá-los criamos muitos perigos...

Quantas vezes vemos os problemas dos sequestros, homicídios... Ninguém está justificando isso; isso é violência, mas é excesso, seja de poder, seja de economia, por demasia de detenção de finanças.

Se usássemos os bens da Terra para viver, para atender às nossas necessidades, sem nos preocuparmos com a superioridade do nosso vizinho, porque, às vezes, o nosso vizinho tem necessidade de maiores recursos para adquirir uma posição de destaque que o transforme em tutor da sociedade... A mordomia é uma condição, é uma função que a pessoa recebe para ajudar os outros; agora essa mordomia a que hoje nos reportamos quer dizer desperdício, supérfluo...

O ideal é que tenhamos algo para nos ajudar numa doença grave na família, para os medicamentos – isso tudo é do teto que a pessoa pode ter; ninguém é chamado para ser mendigo; ninguém é pobre perante Deus, todos somos ricos e todos podemos trabalhar [...] Geralmente, aquele que se utiliza dos bens da Terra para viver é respeitado pelo seu comportamento, se torna credor de uma assistência constante... Aquele que se utiliza do trabalho para viver não estimula a subversão... De modo que essa palavra de Allan Kardec – quando falarmos também isso, não é o caso de uma pessoa se despojar de tudo o que tem e jogar na rua para que a criançada apanhe... Não, é administrar bem, viver bem dentro daquela maneira sem ambicionar a posição dos outros... Queremos possuir não só algo mais, mas algo muito mais que os outros possuem para que tenhamos um estoque no campo dos bens terrestres, quando os bens terrestres nos são emprestados para viver... Outras vezes caímos em emoções violentas, porque fomos prejudicados em 10, quando temos 900 oportunidades; esquecemos as bênçãos, estamos fixando a cabeça naquilo que não nos pertence... Essa insatisfação diante da vida, esse anseio de destaque social, econômico, poder, nos coloca à mercê de emoções muito fortes. Muitos dos nossos homens públicos tiveram enfartes quando foram vítimas de determinados decretos, quando não puderam ter tanto como estavam habituados a ter vem o colapso das forças orgânicas, o coração para porque a nossa mente tem poder absoluto sobre o corpo; não nos educamos para viver, nos educamos para ser criaturas cada vez mais possessivas... Podemos viver com menos... Há um problema no Brasil muito curioso. Todos falam em crise, a nossa comunidade adquiriu dívidas muito grandes... É curioso pensar que nós comíamos tão bem antes desse empréstimo como depois... Vestíamos tão bem antes como depois... Estávamos numa febre de ambição, de desperdício que não tinha tamanho [...] Os nossos estádios estão sempre cheios... Uma partida de futebol rendeu quase 300 milhões de cruzeiros! – o futebol, a nosso ver, é uma convivência social das mais completas, mas não precisamos levar isso a uma paixão tão grande de gastar num dia 300 milhões de cruzeiros... Esse dinheiro faz muita falta ao tesouro da comunidade. O nosso carnaval era simples, as pessoas saíam cantando...

Hoje, o carnaval custa milhões... Vão dizer que é turismo. Pode ser turismo, mas é negativo, é um dispêndio de força e de vida humana. Depois do carnaval, aparecem as listas: tantos mortos no sábado, no domingo, na segunda, na terça... Por que não tiveram tantos mortos nos outros sábados, ou nos outros domingos? Foram vítimas dos excessos a que nos entregamos porque não sabemos viver. Temos escolas maravilhosas, exercícios físicos, o mundo da ginástica que nos ajuda conservar a saúde, as nossas universidades que são verdadeiros mundos de cultura – nunca vi uma escola para ensinar a pessoa a viver, a viver com o que tem, com o que somos, com os recursos que possamos adquirir... A maternidade – nunca vi uma escola para mães. Moças casadoiras, noivas, senhoras – aqui vai se aprender a ser mãe, eu ainda não vi... Escolas para casamentos, eu não conheço; devia ter uma escola para um ato tão importante da vida... Essas manifestações naturais do "para viver" são muito raras... Dona Tânia [uma das nossas irmãs comentaristas] se referiu à tentação de Jesus; o episódio é apropriado... Faz-me lembrar do episódio – em Emmanuel é a palavra, em mim é a arenga. [Chico fala assim e ri muito.]

Frei Bartolomeu dos Mártires viveu para servir. Era português, da cidade de Braga. Resolveram construir uma catedral que se avantajasse ao culto de todas as de Portugal. Para isso os nobres se reuniram e cada ano davam um tanto. Chegado ao teto, antes de seguir para a frente, Frei Bartolomeu, como chefe da comunidade religiosa, pois ele era um homem que consultava as necessidades dos seus paroquianos, auscultou a necessidade de todos e viu que uma crise havia chegado a Portugal e que os menos favorecidos estavam lutando muito. Aquele dinheiro arrecadado, ele podia administrar à vontade, mas especialmente para a construção da catedral... O primeiro ano deixou a catedral parada, ela já tinha teto. Mas os nobres estavam sempre dando ajuda. No segundo ano nada, no terceiro, no quarto, no quinto, quando chegou no décimo ano em que a catedral estava parada... Frei Bartolomeu era amigo de todos e ninguém se revoltou contra ele, mas os nobres se reuniram:

— Nós não podemos censurar Frei Bartolomeu, mas podemos argui-lo...

Seis nobres foram ao palácio; ele era um homem humilde, mas tinha que morar num palácio...

— Eu quero dizer a vocês – disse o Frei – que, de acordo com a minha contabilidade, há mais de duas mil famílias em necessidade, e eu como pai espiritual não posso deixar essas pessoas passando fome... Tudo tem sido gasto com a nossa própria gente...

Um deles disse:

— Mas Frei, isso não está certo; o sr. poderia tirar uma percentagem...

— Os senhores me fazem uma proposta muito curiosa; é uma proposta muito pior do que o Diabo fez a Nosso Senhor Jesus Cristo no deserto, porque o Diabo pediu que Ele transformasse pedras em pães e os senhores estão querendo que eu transforme os pães em pedras...

Eu noto por mim mesmo – encerra o Chico –, quando tenho um pouco de dinheiro a mais, alguma sobra, penso onde é que eu vou guardar isso para ninguém tirar... É preocupação em prejuízo da minha saúde, da minha paz e do trabalho que eu devo fazer... Tudo o que criamos para nós, que não temos necessidade, se transforma em angústia, em depressão... Vamos aos psiquiatras e são pílulas e mais pílulas...

E enquanto a prece final dava por terminada a primeira parte das nossas atividades vespertinas na vila, meditando sobre a maravilhosa lição do "para viver" que acabáramos de ouvir, perguntávamos a nós mesmos: afinal o que temos nas mãos, pães ou pedras?

A MORDOMIA É UMA CONDIÇÃO,
É UMA FUNÇÃO QUE A PESSOA
RECEBE PARA AJUDAR OS OUTROS;
AGORA ESSA MORDOMIA
A QUE HOJE NOS REPORTAMOS
QUER DIZER DESPERDÍCIO,
SUPÉRFLUO...

TUDO O QUE CRIAMOS
PARA NÓS, QUE NÃO TEMOS
NECESSIDADE, SE TRANSFORMA
EM ANGÚSTIA, EM DEPRESSÃO...

DA MANTEIGA EM DIANTE

Que de tormentos [...] se poupa aquele que sabe contentar-se com o que tem, que nota sem inveja o que não possui, que não procura parecer mais do que é. Esse é sempre rico, porquanto, se olha para baixo de si, e não para cima, vê sempre criaturas que têm menos do que ele. É calmo, porque não cria para si necessidades quiméricas. E não será uma felicidade a calma, em meio das tempestades da vida?
FÉNELON
[*O Evangelho segundo o espiritismo*, cap. v, item 23]

CAP. V, "BEM-AVENTURADOS OS AFLItos", seção "Os tormentos voluntários", item 23, foi a página de nossas reflexões no abacateiro, na reunião do dia 16 de junho de 1984. Eis, resumidamente, o oportuno comentário efetuado pelo nosso Chico:

> O nosso Salvador Gentile, amigo da Araras [SP], destacou o nosso nome como se fôssemos alguém com saliências bastante para merecer essa citação, mas não sou mais do que uma parcela, uma parcela pequenina e doente dos amigos que aqui se reúnem. Agradeço a bondade, mas preciso esclarecer que não tenho condições especiais.

Sou apenas um pequenino servidor que se sente feliz à mesa de nossas preces para o cumprimento de um dever que considero sagrado.

A respeito do assunto, ouvimos muitos amigos, todos com apontamentos muito adequados, mas desejamos destacar os tópicos que falam da necessidade do desprendimento. Muitas vezes queremos ser felizes abarcando todas as possibilidades... Um dos apóstolos pergunta a Jesus se não poderia ensiná-lo a orar. Ele oferece à humanidade a oração dominical, da qual retiramos o tópico: "Senhor, o pão nosso de cada dia dá-nos hoje..." Um amigo espiritual diz que se fossem necessários mais recursos para sermos felizes, Jesus teria acrescentado... Mas vamos criando fantasias, ilusões, querendo a felicidade que está nas mãos dos outros... Achamos que isso é alegria, mas é alegria mesclada de sofrimento...

[...] Nosso amigo nos diz que enquanto nós nos contentamos com o pão, nós estamos sempre felizes, porque amamos a vida simples, aprendemos a conhecer a beleza natural... A Terra está repleta de tesouros para os nossos olhos, para o nosso coração, para a nossa vida... *Enquanto nós nos contentarmos com o pão, vai tudo bem, mas da manteiga em diante* começam as nossas lutas... Estamos desejando muito. Todas as vezes que estivermos desejando aquilo que não temos ainda, depois de muito esforço, quando queremos apressadamente aquilo que não é nosso em matéria de felicidade afetiva, de bens materiais, de *status* social, de influência, vamos lembrar dessa manteiga...

[...] o símbolo da manteiga está sempre conosco, quando queremos aquilo que não é necessário para o agora que estamos vivendo. O Senhor nos ensinou: "o pão nosso de cada dia, dá-nos hoje..." Não falou no pão de amanhã, do ano que vem, de 1990... Devemos estar vigilantes, porque muitos de nós caímos escorregando naquela manteiga imprópria para nós no momento, pode não ser depois... No momento temos o necessário para viver em paz com a nossa própria consciência. Não desperdicemos tempo, força espiritual [com o supérfluo, com a ambição desmedida]... O Senhor não se esquece de nós; somos atendidos segundo as nossas necessidades. Se trabalhamos mais, recebemos mais um pouco; se não queremos trabalhar, recebemos uma ração necessária à sobrevivência. [...] De modo que é importante pensarmos nesse "pão de cada dia", nós não estamos desrespeitando as aquisições dos nossos amigos... Sabemos que precisamos de certos recursos. Mas o Senhor não nos ensinou a pedir o pão, mais dois carros, mais um avião... Não precisamos de tanta coisa para colocar tanta carga em cima de nós. Podemos ser chamados hoje à vida espiritual...

Vamos ser felizes. Isso não é conformação negativa. Precisamos trabalhar muito para ajudarmos que todos tenham um pão. Vamos pensar nessa imagem do pão como necessário e da manteiga como sendo supérfluo. O supérfluo, conforme a posição que a pessoa desfruta, deixa de ser supérfluo para ser necessário. [...] De modo que eu sou uma pessoa demasiado apagada para estar exigindo determinados recursos que são muito justos à vida de um médico, de um professor, de um odontólogo... [grifo nosso]

O nosso Chico tem razão. Muitos de nós ainda não aprendemos o limite do necessário e do supérfluo. Allan Kardec também se preocupou em estudar a questão em *O livro dos Espíritos*, quando trata o problema da posse. A queda de quem "escorrega na manteiga" é sempre muito desagradável e, não raro, são precisos muitos anos para que a pessoa se coloque de pé...

> ENQUANTO NÓS NOS CONTENTAMOS COM O PÃO NOSSO DE CADA DIA, NÓS ESTAMOS SEMPRE FELIZES, PORQUE AMAMOS A VIDA SIMPLES, APRENDEMOS A CONHECER A BELEZA NATURAL... A TERRA ESTÁ REPLETA DE TESOUROS PARA OS NOSSOS OLHOS, PARA O NOSSO CORAÇÃO, PARA A NOSSA VIDA... ENQUANTO NÓS NOS CONTENTARMOS COM O PÃO, VAI TUDO BEM, MAS DA MANTEIGA EM DIANTE COMEÇAM AS NOSSAS LUTAS... ESTAMOS DESEJANDO MUITO.

DOENÇA DO ESPÍRITO NÃO DÓI

O homem pode suavizar ou aumentar o amargor de suas provas, conforme o modo por que encare a vida terrena. [...] aquele que a encara pelo prisma da vida espiritual apanha, num golpe de vista, a vida corpórea. Ele a vê como um ponto no infinito, compreende-lhe a curteza e reconhece que esse penoso momento terá presto passado. A certeza de um próximo futuro mais ditoso o sustenta e anima e, longe de se queixar, agradece ao Céu as dores que o fazem avançar. Contrariamente, para aquele que apenas vê a vida corpórea, interminável lhe parece esta, e a dor o oprime com todo o seu peso.

ALLAN KARDEC
[*O Evangelho segundo o espiritismo*, cap. v, item 13]

NA TARDE DO DIA 30 DE JUNHO DE 1984, *O Evangelho segundo o espiritismo* ofertou-nos a lição "Motivos de resignação" do cap. v. Vários companheiros teceram preciosos comentários em torno do sofrimento, destacando as imperfeições que ainda carregamos como sendo a origem de todas as dores que nos acabrunham.

Ao final, o nosso Chico solicitou permissão para falar por alguns poucos minutos:

... Apenas um apontamento do nosso Emmanuel. Ele nos diz que estamos comentando a necessidade de resignação através das nossas atitudes diante da vida... Então, ele nos dá um símbolo muito interessante. Se estamos doentes e vamos aos médicos, vamos dispostos a usar os remédios. Mas há um problema curioso: é que as doenças quando se manifestam no espírito são indolores, não mostram coeficientes de aflição, de inquietação nos induzindo à procura de medicina. A enfermidade do corpo é gritante, pede socorro imediato, procuramos ambulâncias... Quando em nós há indiferença espiritual diante da verdade, crise de impaciência, de orgulho mesmo, de sede de destaque – estamos doentes do espírito, mas como isso não dói, deixamos a situação correr...

... O *Evangelho* nos dá um medicamento salutar, que é o contraveneno: humildade, paciência, calma, resignação, aceitação... Mas muito raramente nos dispomos a usar o remédio. Se usássemos o remédio de imediato, nos disporíamos à retificação de nossas atitudes, o que é realmente muito difícil...

Falando com humor e alegria, como aquela lembrança do amigo espiritual Humberto de Campos:

Um aprendiz procurou um instrutor desejoso de reforma. Reconhecia-se orgulhoso, egoísta, possessivo, desejava a felicidade para si somente; sabia ser portador de todas as qualidades negativas e sentia-se desanimado e triste. Mas, com surpresa para ele, disse o instrutor:

— Você demonstra que já adquiriu um grande progresso.

— Mas como? – tornou o aprendiz.

— Você reconhece que é portador de algo negativo; isso já é uma grande vantagem...

Estamos satisfeitos, também, porque estamos estudando o *Evangelho*, mas, quando nos consideramos faltosos, já temos consciência e há possibilidade de retificação apressada para nós outros, se aproveitarmos os dons e os bens das lições que nos são ministradas. Se sabemos que precisamos de perdoar e compreender, estudar e servir, já é um grande passo para a nossa melhoria. E não vamos cair na tristeza negativa nem na amargura sem remédio, reconhecendo que precisamos desses remédios espirituais... E como as necessidades do espírito não se manifestam por dor física, vamos fazer força para curar-nos... *A resultante física só vem quando o mal se cronifica. A cronicidade do mal faz com que o mal venha à tona em forma dessa ou daquela doença...* Se nós nos prevenirmos enquanto estivermos na fase da *necessidade indolor*, estamos felizes... *estamos reconhecendo sem precisar gemer* [risos] que carecemos de tratamento urgente, inadiável mesmo... Temos hoje medicamentos de toda espécie: comprimidos, gotas, injeções, seja alopatia, homeopatia, medicina vegetal... Se tivermos com o espírito esses cuidados, enquanto estamos tranquilos, *vamos tomar o remédio espiritual enquanto é tempo*, impedindo que o mal se aposse definitivamente de nós... Vamos desculpar as fraquezas do próximo, vamos perdoar e esquecer qualquer ofensa, deixando de lado qualquer tipo de ressentimento... [grifos nossos]

Quando o nosso Chico concluiu a belíssima alocução, ficamos a meditar que, de fato, *reconhecer que somos imperfeitos já é sinal de conscientização dentro da vida*, mas precisamos trabalhar incansavelmente para melhorar, porquanto a resignação que apenas cruza os braços, tudo esperando de Deus, é sofrimento muito maior cujo término não poderemos prever...

Após a prece que dava por concluída a primeira parte de nossas atividades vespertinas, no culto do abacateiro, fomos dividir com os irmãos da vila as esperanças que a lição nos proporcionara. ▪

> **HÁ UM PROBLEMA CURIOSO: É QUE AS DOENÇAS QUANDO SE MANIFESTAM NO ESPÍRITO SÃO INDOLORES, NÃO MOSTRAM COEFICIENTES DE AFLIÇÃO, DE INQUIETAÇÃO NOS INDUZINDO À PROCURA DE MEDICINA. A ENFERMIDADE DO CORPO É GRITANTE, PEDE SOCORRO IMEDIATO, PROCURAMOS AMBULÂNCIAS... QUANDO EM NÓS HÁ INDIFERENÇA ESPIRITUAL DIANTE DA VERDADE, CRISE DE IMPACIÊNCIA, DE ORGULHO MESMO, DE SEDE DE DESTAQUE – ESTAMOS DOENTES DO ESPÍRITO, MAS COMO ISSO NÃO DÓI, DEIXAMOS A SITUAÇÃO CORRER...**

TOCADOS NO CORAÇÃO

*"Um homem, que descia de Jerusalém para Jericó,
caiu em poder de ladrões, que o despojaram, cobriram
de ferimentos e se foram, deixando-o semimorto.
Aconteceu em seguida que um sacerdote, descendo
pelo mesmo caminho, o viu e passou adiante.
Um levita, que também veio àquele lugar,
tendo-o observado, passou igualmente adiante.
Mas um samaritano que viajava, chegando
ao lugar onde jazia aquele homem e tendo-o
visto, foi tocado de compaixão. [...]
"Qual desses três te parece ter sido o próximo daquele
que caíra em poder dos ladrões?" – o doutor respondeu:
"Aquele que usou de misericórdia para com ele."
"Então, vai", diz Jesus, "e faze o mesmo." (Lucas, 10:25–37)
[O Evangelho segundo o espiritismo, cap. xv, item 2]*

NA TARDE DE 14 DE JULHO DE 1984, O tema de O *Evangelho segundo o espiritismo* para as nossas reflexões foi "Parábola do bom samaritano", no cap. xv, item 2.

Sem delongas, vejamos o pronunciamento que o nosso Chico efetuou na abençoada oportunidade, nos sensibilizando a todos:

O nosso Emmanuel nos lembra que a expressão simbólica da lição é muito significativa: "Um homem, que descia de Jerusalém para Jericó [...]" Jerusalém mesmo até hoje é considerada uma capital da fé religiosa. Esse homem descia de Jerusalém para Jericó. Nós estamos sempre descendo das nossas ideias religiosas para as pessoas com as quais convivemos no mundo. A cada dia nós nos levantamos da Jerusalém da nossa fé para viver aquele novo dia... "Aconteceu em seguida que um sacerdote, descendo pelo mesmo caminho [...]" Temos aqui de outro modo a infelicidade de muita gente que tem a cabeça repleta de teorias, de disciplinas, de jejuns, de comunhão com Deus, mas que na hora de auxiliar, de considerar a humanidade do semelhante, essas pessoas inteligentes, ou superinteligentes... – esse sacerdote era uma pessoa academizada, teria um diploma para agir como sacerdote, e também o levita – não estamos fazendo crítica, estamos observando a nós mesmos, que pela inteligência estamos quase sempre no *escapismo*... Temos mil desculpas em nosso cérebro superinteligente, que graças a Deus aqui todos somos para as tarefas do bem; essas tarefas seriam a limpeza da defecção de uma criança, uma ferida na perna... Temos muitas atitudes para que a nossa inteligência desça do seu trono para auxiliarmos o próximo... Os samaritanos naquele tempo eram considerados israelitas marginalizados, não eram considerados vinculados à lei... Esse homem deixou que o coração funcionasse; vendo que um homem estava caído no chão semimorto, interrompeu a viagem e se pôs na tarefa de salvação do companheiro... Não encontrou um homem vendendo obras de artesanato a se dizer necessitado... Precisamos observar que o necessitado verdadeiro às vezes não pode falar... Ele está caído em necessidade, está caído em penúria...

Peço permissão para abrir um parêntese. Em Pedro Leopoldo [MG] apareceu um amigo que se dizia em dificuldade para ressarcir o banco em que trabalhava, para atender dois amigos aos quais havia cedido dois cheques representando uma importância muito grande. Ele nos contou na hora da prece que havia cedido esse dinheiro e que havia sido tocado pela caridade e que os dois amigos não puderam pagar... A direção central do banco estava na iminência de despedi-lo. Pedi a Emmanuel uma palavra. E ele falou com amor, consolando, que ele explicasse que haveria de trabalhar, que parcelassem a dívida, que pagaria sim pelos amigos... Mas ele me disse:

— Apesar do senhor me reconfortar, eu queria que o senhor me esclarecesse melhor. Eu agi em nome da caridade, fui tocado de compaixão, mas agi em nome da caridade que Jesus nos ensinou...

Respondeu Emmanuel:

— Em que texto o senhor se baseou?

Ele respondeu:

— Baseei-me naquele texto: "Quando alguém te pedir a capa dê também a túnica..."

— Bem – retrucou o benfeitor espiritual –, Jesus falou isso quando a túnica for sua; se o dinheiro era do banco, o senhor não podia dar...

Estamos em viagem, paramos alguns minutos e damos a mão àquelas pessoas carentes. Em nossa viagem, sempre que encontramos um necessitado, o nosso intelecto e o nosso coração, unidos, entendem, sentem a necessidade real e auxiliam... Muitas vezes sabemos por intuição que aquela criatura está sofrendo muito. Quando a pessoa precisa, algo nos fala ao coração que é preciso ajudar. É preciso pensar nisso para que não estejamos atendendo a qualquer petitório em desacordo com a realidade.

O homem colocou o ferido no cavalo... Quem é que vai para o carro, especialmente à noite, para atender alguém? Como é que vamos colocar em nosso caminhão, em nosso carro, uma pessoa que se diz necessitada e que às vezes vai criar problema enorme para nós... Precisamos saber, porque muitos se deitam na estrada para se fazer de mortos... Precisamos não ter astúcia, mas perspicácia contra aqueles que se dedicam quase exclusivamente ao mal. Quando a pessoa precisa, paremos o carro de nossa pequena possibilidade e doemos um pouco mais de pão, um pouco mais de roupa... Vamos pensar nisso e ajudar. Falamos a respeito de atualizar a lição para que estejamos atentos, fazer o bem como nosso dever, mas não facilitar naquilo que não é nosso, que não nos pertence, que não podemos dispor... Como vamos fazer o aval de uma dívida se não temos nem a décima parte da importância? Conhecemos famílias que foram despojadas por aval... O nosso raciocínio está colocado acima do coração... *Para quem quer acertar, a inspiração do alto vem sempre*. Sempre que sentirmos que alguém necessita, é ingratidão de nossa parte se ficarmos indiferentes. Podemos ver aqui uma comunidade de 200, 400 pessoas; percebemos que a penúria está lavrando; se pudermos distribuir pelo menos um pão, um copo d'água, uma palavra de esperança...

Disse Jesus: "Qual dos três parece ter sido o próximo?"

Duas pessoas: uma diplomada, o sacerdote; um levita, um homem inteligente para desempenhar o cargo – passaram com indiferença. O outro, que não tem nem nome na história, um samaritano, vimos que *ele foi tocado no coração* [mas deu do que lhe pertencia, deu de si mesmo]: parou o seu próprio carro, que era um cavalo – em nosso caso, é a nossa economia, a nossa saúde, a nossa possibilidade de auxiliar um pouco mais... Se formos *tocados* no coração, vamos fazer pequeninos serviços para minimizar a penúria alheia...

Com licença de todos – devemos deixar os velhacos à margem, mas saber que o necessitado precisa de nós. [grifos nossos] ∎

SEMPRE QUE ENCONTRAMOS
UM NECESSITADO, O NOSSO INTELECTO
E O NOSSO CORAÇÃO, UNIDOS,
ENTENDEM, SENTEM A NECESSIDADE
REAL E AUXILIAM... MUITAS VEZES
SABEMOS POR INTUIÇÃO QUE AQUELA
CRIATURA ESTÁ SOFRENDO MUITO.
QUANDO A PESSOA PRECISA,
ALGO NOS FALA AO CORAÇÃO
QUE É PRECISO AJUDAR.
É PRECISO PENSAR NISSO PARA
QUE NÃO ESTEJAMOS ATENDENDO
A QUALQUER PETITÓRIO EM
DESACORDO COM A REALIDADE.

SE FORMOS TOCADOS NO CORAÇÃO,
VAMOS FAZER PEQUENINOS SERVIÇOS
PARA MINIMIZAR A PENÚRIA ALHEIA...

NADAR NO AMOR DOS AMIGOS

*Ó verdadeiros adeptos do Espiritismo!... sois os escolhidos
de Deus! Ide e pregai a palavra divina. É chegada
a hora em que deveis sacrificar à sua propagação
os vossos hábitos, os vossos trabalhos, as vossas ocupações
fúteis. Ide e pregai. Convosco estão os Espíritos elevados.*
ERASTO
[*O Evangelho segundo o espiritismo*, cap. xx, item 4]

NA TARDE DO DIA 13 DE AGOSTO DE 1984, a reunião transcorreu, como sempre, num clima de grande espiritualidade. Esperança nos corações e alegria em todos os semblantes. Jesus espalhava conforto através do *Evangelho*; sentíamo-nos ali membros de uma mesma família.

Muitos companheiros foram convidados à palavra. No entanto, enfocaremos apenas o comentário do confrade Fernando Worm que possibilitou primorosa lição da parte do nosso Chico. Convidado a falar pelo sr. Weaker, Fernando, espontaneamente, se referiu ao trabalho de 56 anos do médium Chico Xavier... Sentíamos que o seu tributo de gratidão nascia das profundidades da alma. Comentou sobre o silêncio com que o nosso abençoado irmão tem enfrentado os espinhos do caminho, que não têm sido poucos… Citou, por fim, uma frase lapidar de Emmanuel: "Bem-aventurados os que se afligem pelos outros."

Todos recebemos com muita alegria as palavras do Fernando, porquanto ele disse tudo o que desejávamos dizer. O Chico não estava disposto a participar dos comentários naquela tarde, devido à voz um tanto fraca, mas como ele não leva elogios para casa…

Eu não tinha mesmo propósito de falar – começou. Estou sem voz adequada… Mas já sabemos que cada um comparece numa oficina com a ferramenta de que dispõe. O nosso Fernando se referiu à nossa apagada pessoa e me vejo na obrigação de agradecer a ele essa bondade. Há dez anos ele veio até nós para nos fazer o bem! Realizava uma excursão para recolher informações sobre uma personagem na região uberabense… Fomos nós os beneficiados, mas beneficiados de tal maneira que o nosso querido amigo Fernando Worm nunca mais deixou de estender a sua mão de amigo e irmão em todas as horas, constituindo-se para nós um companheiro que, embora a distância, está sempre perto de mim… O beneficiado fui eu mesmo e alcancei um amigo tão generoso! O segundo ponto da palavra dele se refere aos 56 anos de mediunidade, embora a contagem do tempo de serviço não se deva lembrar, porque por muito que se dê ao trabalho do bem, a gente nunca dá o que devia e eu não dei tanto tempo assim…

O tempo disponível, os Espíritos amigos ocuparam com a formação dos livros que conhecemos. Desde o ano de 1931, houve interrupção apenas nos anos de 33 a 34; todos os outros anos o trabalho dos Espíritos apareceu nos livros. Se eu não tivesse dado – porque eu não dei tempo nenhum – algum tempo aos benfeitores espirituais, o que que eu teria feito com o tempo?!... Talvez estivesse num sanatório, num cárcere. Bendigo esse tempo porque só resultou em benefício para mim. Não sabendo viver uma vida tão boa como eu devia ter, ou talvez uma vida muito difícil, eles foram extremamente caridosos ao me tomar como se eu fosse uma criança, realizando esse trabalho que é deles. Por muito que eu fizesse, não conseguiria fazer o que eles fizeram por meu intermédio. Não estou fazendo um *show* de humildade; isso não existe na minha palavra... O tempo me livrou de muitas dificuldades na minha personalidade. Eles podaram em mim muitas dificuldades para que eu pudesse trabalhar com eles... Ainda que eu estudasse muito, eu não conseguiria... Há quem diga: "O Chico lê muito, é por isso que recebe mensagens..." Eu confirmo que leio, porque não quero desagradar ninguém, mas eu tenho uma enfermidade ocular desde 1931 que me impede de ler... Mas mesmo que eu tivesse lido, seria impossível... Agradeço muito ao nosso Fernando e peço a Deus que possa me dar mais algum tempo para o trabalho. O trabalho com os Espíritos amigos é um trabalho apaixonante! Eu creio que uma das horas mais belas da vida é aquela na qual nos colocamos em contato com esses Espíritos amigos!

De modo que sou eu a pessoa que tem de agradecer ao nosso Fernando. Não tenho palavras... Sobre a terceira parte do comentário que ele proferiu, eu quero mesmo dizer: esse trabalho dos Espíritos por nosso intermédio me trouxe os melhores amigos do mundo. A bondade deles foi despertada por esses que escreveram tantas páginas de abençoada luz... Eu sou um traço de treva!

Nesta hora de minha vida, eu luto com muitas dificuldades orgânicas. Peço perdão aos amigos que vêm de muito longe para ver Chico Xavier. Chico Xavier agora mora num corpo muito desgastado. [...] Quanta maravilha nós encontramos no trato com a mediunidade sempre continuada, sempre assídua. Eu não estou fazendo *show*. Aqui está a nossa irmã [infelizmente escapou-nos o nome da companheira]; ela, preocupada com as nossas despesas aqui no Grupo Espírita da Prece, onde temos às vezes 1.000 a 1.500 irmãos, fez uma campanha – eu não iria me referir a isso – e recolheu certa quantia... Como vocês estão vendo, sou uma pessoa altamente remunerada. [Nesse ponto do comentário do Chico, todos rimos muito, inclusive ele.] Muitos se queixam que estão sem serviço, que estão desempregados. Sou um aposentado há vinte anos, mas o meu ordenado é dos maiores do país! Perdoem a voz de taquara rachada e que Deus nos abençoe. Crise? Estamos nadando no amor dos amigos, e esse amor nos dá tudo.

Refletindo no que acabáramos de ouvir, a nossa reunião foi encerrada com a prece feita pelo Eurípedes. Chico, mais uma vez, nos ensinara lições maravilhosas de confiança no mais alto.

Felizes, fomos ao trabalho de repartir os pequeninos óbolos com os nossos irmãos ali da Mata do Carrinho – companheiros de outras eras, amigos de um passado não muito distante, estagiando em rudes provas. ∎

A CONTAGEM DO TEMPO
DE SERVIÇO NÃO SE DEVE
LEMBRAR, PORQUE POR MUITO
QUE SE DÊ AO TRABALHO DO BEM,
A GENTE NUNCA DÁ O QUE DEVIA
E EU NÃO DEI TANTO TEMPO ASSIM...

PEÇO A DEUS QUE POSSA
ME DAR MAIS ALGUM TEMPO
PARA O TRABALHO.

NESTA HORA DE MINHA VIDA,
EU LUTO COM MUITAS
DIFICULDADES ORGÂNICAS.

CRISE? ESTAMOS NADANDO
NO AMOR DOS AMIGOS,
E ESSE AMOR NOS DÁ TUDO.

CIMENTO DE UNIÃO

*Perdoar aos inimigos é pedir perdão para si próprio;
perdoar aos amigos é dar-lhes uma prova de amizade;
perdoar as ofensas é mostrar-se melhor do que era.
Perdoai, pois, meus amigos, a fim de que Deus
vos perdoe, porquanto, se fordes duros, exigentes,
inflexíveis, se usardes de rigor até por uma ofensa
leve, como querereis que Deus esqueça de que cada
dia maior necessidade tendes de indulgência?*

PAULO
[*O Evangelho segundo o espiritismo*, cap. x, item 15]

A REUNIÃO DO DIA 15 DE SETEMBRO DE 1984, como sempre, foi uma festa para os nossos corações. A alegria estava em todos os semblantes. A criançada arrulhava como um bando de aves, falando de renovação e esperança.

Quando o Chico chegou, um coral constituído por muitos caravaneiros improvisou inesquecível canção, que fez vibrar as cordas do sentimento de todos os presentes.

Emocionado, o Chico agradeceu.

Meu Deus, quando será que teremos no mundo mais reuniões como essa, de fraternidade pura!... – pensávamos em silêncio.

Logo após a prece inicial, o Chico leu a lição de *O Evangelho segundo o espiritismo* para a tarde, que nos ofertou um trecho do cap. x, "Bem-aventurados os que são misericordiosos", item 15.

Todos colaboraram nos comentários com muita inspiração. Na palavra de todos, o perdão foi ressaltado por imperativo da paz que tanto anelamos no mundo em que vivemos.

Uma de nossas companheiras, porém, destacou a seguinte frase:

> Perdoar aos inimigos é pedir perdão para si próprio; perdoar aos amigos é dar-lhes uma prova de amizade; perdoar as ofensas é mostrar-se melhor do que era.

Baseando-se na referida colocação evangélica, na palavra lúcida de nossa confreira, o Chico solicitou ao sr. Weaker permissão para também dizer alguma coisa. E, de forma inspirada, proferiu uma leal e fraterna advertência aos que ali estávamos, como também, segundo depreendemos, a todos os irmãos que militam no movimento espírita do Brasil.

Sem mais delongas, deixando que cada qual retire suas próprias conclusões, passemos à palavra do querido Chico, breve, mas de profunda significação para os que têm "ouvidos de ouvir e olhos de ver":

Apenas pedimos permissão para reafirmar as definições de nossa irmã, quando ela se deteve na expressão:

"Perdoar aos inimigos é pedir perdão para si próprio; perdoar aos amigos é dar-lhes uma prova de amizade; perdoar as ofensas é mostrar-se melhor do que era."

Nós conhecemos, na doutrina espírita, uma característica muito interessante – a livre expressão. Alguns possuem um guia determinado, outros possuem outros amigos espirituais. E isso causa muita discussão na doutrina. Da legião dos cristãos, nós somos talvez a mais discutidora no campo doutrinário do *Evangelho*. Outros irmãos não param o pensamento para analisar, mas a comunidade espírita lê bastante e interpreta muito. E nesse interpretar encontramos o antagonismo de uma pessoa para com a outra...

As pessoas passam a não ser tolerantes. Dizem: "Gosto muito de fulano, mas não gosto do trabalho que executa."

Nós sabemos que a nossa meta é Jesus Cristo, a mesma meta de todos os cristãos. Nós que temos essa faculdade, por enquanto – por enquanto, porque a qualquer hora poderemos ter isso cassado – da livre discussão e da livre opinião, deveríamos anotar este lema: "Desculpar os amigos, de qualquer maneira, de qualquer falta..."

Os inimigos estão fora dessa observação, aqueles que se nos fazem adversários estão mais ou menos longe, não dão trabalho à nossa cabeça. Entre nós outros, os amigos entre si, para conduzirmos nossa bandeira para a frente, precisamos ser mais amigos uns dos outros; a hora requer que sejamos mais amigos... Se somos considerados minoria, por que nos vamos hostilizar? Ante os muitos milhões, somos poucos... Pelo fato de sermos minoria, deveríamos amar ainda mais os nossos amigos; sabendo que o trabalho deles se altera de dia para dia, como julgar o amigo por atitudes de um dia só?

[...] Então, essa tolerância seria para nós uma espécie de cimento de união para sermos de fato companheiros uns dos outros, amigos uns dos outros, irmãos uns dos outros... Nós não temos usado com bastante sensatez essa liberdade de opinião irrestrita... É um ponto de vista que emitimos pensando na necessidade de tolerância em nossos grupos.

Não é que devemos esquecer os inimigos, não. Também são filhos de Deus. Se estão aproximando-se de nós, é nosso dever dialogar com eles. Mas, sobretudo, entre nós outros, os amigos, devemos ter mais união. É uma verdade que gostaríamos que fosse incontestável, mas não é... A nossa imprensa, a nossa vida nas instituições nos mostra diferente... Às vezes estamos tão separados, a ponto de uma outra autoridade religiosa, de um outro culto dizer: "Os espíritas do Brasil conseguiram um prodígio: conseguiram ser inimigos íntimos..."

Precisamos respeitar todos os trabalhos e todos os companheiros.

Enquanto Eurípedes encerrava o culto com uma prece, ficávamos a meditar no quanto seria interessante se essas palavras do nosso Chico fossem ouvidas pelos companheiros espíritas de todo o Brasil...

ANTE OS MUITOS MILHÕES, SOMOS
POUCOS... PELO FATO DE SERMOS
MINORIA, DEVERÍAMOS AMAR
AINDA MAIS OS NOSSOS AMIGOS;
SABENDO QUE O TRABALHO DELES
SE ALTERA DE DIA PARA DIA,
COMO JULGAR O AMIGO
POR ATITUDES DE UM DIA SÓ?

ENTÃO, ESSA TOLERÂNCIA
SERIA PARA NÓS UMA ESPÉCIE
DE CIMENTO DE UNIÃO
PARA SERMOS DE FATO
COMPANHEIROS UNS DOS OUTROS,
AMIGOS UNS DOS OUTROS,
IRMÃOS UNS DOS OUTROS...

NÃO SOFREMOS PARA SER VENCIDOS

*[...] se encarando as coisas deste mundo da maneira
por que o Espiritismo faz que ele as considere,
o homem recebe com indiferença, mesmo com alegria,
os reveses e as decepções que o houveram desesperado
noutras circunstâncias, evidente se torna que essa força,
que o coloca acima dos acontecimentos, lhe preserva de
abalos a razão, os quais, se não fora isso, a conturbariam.*
ALLAN KARDEC
[O Evangelho segundo o espiritismo, cap. v, item 14]

A REUNIÃO DO DIA 20 DE OUTUBRO DE 1984 uma vez mais nos trouxe à meditação o item 14 do cap. v, "Bem-aventurados os aflitos", versando sobre o tema "O suicídio e a loucura". Apontamentos preciosos de diversos amigos enriqueceram o assunto que se faz tão atual nos dias que atravessamos. O Chico permanecia atento a todos os comentários.

Depois de aproximadamente quarenta minutos, nos quais, quinze companheiros se expressaram, cada um utilizando um tempo médio de três minutos, o sr. Weaker atende à solicitação do nosso Chico que deseja colaborar, falando alguma coisa:

Nosso amigo Emmanuel nos pede considerar a necessidade de analisarmos com mais cuidado os problemas da reencarnação... Já vivemos muitas vezes, estamos com as pessoas certas para ajustarmos os nossos corações e solucionarmos os nossos problemas. Muita dificuldade psicológica, muito entrave do caminho vai desaparecendo, quando aceitamos tudo como nossas provações...

Vemos, na atualidade, a explosão, não vamos dizer o nascimento de uma época nova, mas vemos uma explosão no campo do relacionamento familiar. Nenhum de nós escapa a isso, mesmo os que atravessamos faixas mais amplas de vida. Essa mudança nos está afetando a todos. Determinada jovem de dezessete anos assume uma independência; um jovem de dezoito anos pede certas concessões... Podem estar na condição que o texto lembra:

"[...] a maioria dos casos de loucura se deve à comoção produzida pelas vicissitudes que o homem não tem a coragem de suportar."

Estamos ficando sem coragem, enfraquecidos para suportar um filho, um parente que não concorda com a nossa vida, um familiar qualquer, um amigo... E sofremos, porque temos sensibilidade aguda, mormente nós outros, os que nascemos nesse continente da América do Sul. Nós vemos no Sul povos de sensibilidade quase que exagerada, e essas renovações pesam sobre nós... O suicídio, a toxicomania e tantos outros hábitos menos felizes vão se alastrando e vamo-nos sentindo cada vez mais infelizes...

Se é desquite, nos alarmamos... Sentimo-nos desrespeitados com desvinculações na família. A soma de tudo vem a ser desequilíbrio mental. Precisamos aguentar com valor; precisamos apelar para a necessidade de fortaleza. Estamos progredindo muito em assistência social, em compreensão dos problemas dos outros, no campo material da vida, mas são poucos os que se estão organizando para suportar esses chamados *choques de família, choques de costumes*...

Não criamos forças e não queremos criar, porque quando alguém nos fala, ou quando falamos a alguém da resolução de suportar a família, somos taxados sem o brio necessário para viver dignamente. Precisamos de respeito mútuo... [Aqui o Chico se referiu àqueles que, embora os múltiplos problemas familiares, enfrentam tudo com dignidade, não desertando das responsabilidades abraçadas. Hoje em dia, o lar se está desfazendo com facilidade, justamente porque não lutamos para preservá-lo; achamos mais fácil e atraente assumir um novo compromisso, saindo em busca de novidades...]

O conhecimento da reencarnação nos ajuda e nos auxiliará muito se nos dedicarmos a explicar aos nossos descendentes, desde os primeiros anos de vida, as causas dos sofrimentos, das dores...

Não sofremos para ser vencidos... Sofremos para superar tudo e viver com a paz no coração e na vida social. [grifos nossos]

Embora tenha falado poucos minutos, o comentário do nosso querido irmão foi de muita valia, porquanto só o conhecimento da reencarnação poderá explicar-nos com segurança esse chamado "conflito de gerações"...

O lar se encontra ameaçado pelo excesso de liberdade, tanto do homem quanto da mulher, e agora liberdade que os filhos reivindicam muito cedo...

Principalmente nas últimas décadas, o mundo psicológico das criaturas sofreu transformações marcantes.

O Chico disse com muita propriedade que nos precisamos organizar para entender melhor, de modo a errar menos, "os choques de costumes". Quantas internações hospitalares e quantos suicídios não têm origem na incompreensão que impera dentro do lar?!

Refletindo nas palavras de Emmanuel, esse devotado companheiro de muitos anos de todos nós, ouvimos a prece final, rogando a Jesus que nos inspirasse no momento de transição deste final de século.

ESTAMOS FICANDO SEM CORAGEM, ENFRAQUECIDOS PARA SUPORTAR UM FILHO, UM PARENTE QUE NÃO CONCORDA COM A NOSSA VIDA, UM FAMILIAR QUALQUER, UM AMIGO... E SOFREMOS...

NÃO SOFREMOS PARA SER VENCIDOS... SOFREMOS PARA SUPERAR TUDO E VIVER COM A PAZ NO CORAÇÃO E NA VIDA SOCIAL.

ESFORÇO E ESSÊNCIA

[...] os Espíritos não vêm isentar o homem da lei do trabalho: vêm unicamente mostrar-lhe a meta que lhe cumpre atingir e o caminho que a ela conduz, dizendo-lhe: Anda e chegarás. Toparás com pedras; olha e afasta-as tu mesmo. Nós te daremos a força necessária, se a quiseres empregar.
ALLAN KARDEC
[*O Evangelho segundo o espiritismo*, cap. xxv, item 4]

NO DIA 12 DE JANEIRO DE 1985, REALIZA-mos a nossa primeira reunião do ano com a participação do querido Chico. Estávamos, portanto, muito felizes.

O Evangelho segundo o espiritismo ofereceu-nos às reflexões um tópico do cap. vi, "O Cristo consolador". Vários companheiros abordaram o tema com felicidade, sendo que pudemos, da palavra de cada um, coletar as ideias básicas que resumimos abaixo:

"Aqueles que carregam os seus fardos e assistem aos seus irmãos são bem-amados meus"; "Muitas vezes passamos a vida fazendo planos... que não executamos"; "Curar a nossa dor pelo trabalho, o autêntico remédio"; "As dificuldades são transitórias"; "A tempestade castiga a terra, mas a fertiliza"; "Quando quisermos pedir algo a alguém, peçamos a quem é ocupado, porque o desocupado não tem tempo para nada"; "A preocupação central do homem tem sido as conquistas materiais"; "O *Evangelho* veio para quem deseja ser feliz"...

Após os preciosos comentários, o sr. Weaker pergunta ao Chico se ele deseja falar alguma coisa, ao que o nosso companheiro responde afirmativamente:

> Algumas de nossas irmãs se referem à minha presença, mas estou aqui como necessitado... Agradeço esse carinho, mas preciso declarar que não tenho expressão alguma para ser uma pessoa destacada.
>
> O Espírito Emmanuel, aqui presente, nos pede para compararmos a doutrina espírita a uma grande "empresa", organizada pelo Cristo, onde nós solicitamos emprego. Vimos através do sofrimento, das dificuldades, das lutas domésticas... Pedimos socorro. *Ignoramos muitas vezes que estamos pedindo trabalho*, pedindo colocação para trabalhar e receber algum vencimento para sustentar a nossa vida. As interpretações da palavra de Cristo são diversas, mas no espiritismo esse sentido de "empresa" é muito pronunciado... Estamos pedindo emplacamento em serviço, pedimos para fazer parte da equipe de trabalho que funciona dentro da doutrina...
>
> ... Os que são portadores de provas tão dolorosas que, às vezes, nem mesmo explicá-las conseguem; não fossem os casais desajustados; não fossem aqueles que não compreendem os ensinamentos de Jesus, e que nos apedrejam e magoam; se não fosse toda essa equipagem do navio chamado Terra, lutando para viver, para acertar, que nos procuram em nossos núcleos todos os dias, o

que é que teríamos para fazer? Se fôssemos uma coleção de pessoas boas, ligadas no Cristo, se um falasse e todos compreendessem, estaríamos dentro de uma monotonia muito grande; é dessa multiplicidade de problemas, muitas vezes em nós mesmos, que encontramos trabalho para fazer, a fim de diminuir o peso da carga...

Não podemos esperar muita coisa... Muitas religiões se contentam com uma prece semanal, atos religiosos quinzenais, mas no espiritismo somos "alfinetados", e ninguém escapa, desde que estejamos dentro da "empresa" trabalhando... Não apenas glorificando o nome do Senhor, mas trabalhando muito para que a nossa fé seja realmente uma fé ativa e criativa, ao mesmo tempo.

... Porque podemos improvisar alguma coisa em favor do próximo. Temos uma inteligência mais ou menos em desacordo com o coração, como acontece comigo – comparecem aqui dentro o orgulho, o egoísmo, a jactância... Ajudar os outros em tudo aquilo que se faça possível em nosso esforço. *Todo esforço é grande pela essência que representa*. Não devemos pensar em braços cruzados, em paraíso prematuro, em angelitude antes de sermos criaturas humanas perfectíveis; quando compreendermos tudo isso, veremos que já estamos dentro de uma "empresa" maravilhosa.

Lembramo-nos da lei de causa e efeito apenas em matéria de sofrimento, mas ela funciona também para o bem. Quem faz o bem, queira ou não, será recompensado... O Senhor manda que o mal seja corrigido e o bem seja estimulado em benefício de cada um de nós... [grifos nossos]

Enquanto a prece final era proferida, agradecíamos também a Jesus pela oportunidade, na presente encarnação, de estarmos admitidos como simples funcionário nesta abençoada "empresa" de luz que é a doutrina espírita! 🔖

AJUDAR OS OUTROS EM TUDO AQUILO QUE SE FAÇA POSSÍVEL EM NOSSO ESFORÇO. TODO ESFORÇO É GRANDE PELA ESSÊNCIA QUE REPRESENTA.

LEMBRAMO-NOS DA LEI DE CAUSA E EFEITO APENAS EM MATÉRIA DE SOFRIMENTO, MAS ELA FUNCIONA TAMBÉM PARA O BEM. QUEM FAZ O BEM, QUEIRA OU NÃO, SERÁ RECOMPENSADO... O SENHOR MANDA QUE O MAL SEJA CORRIGIDO E O BEM SEJA ESTIMULADO EM BENEFÍCIO DE CADA UM DE NÓS...

TRICAS DO EVANGELHO

*[...] não pretendeu Jesus interdizer toda defesa,
mas condenar a vingança. Dizendo que apresentemos
a outra face àquele que nos haja batido numa, disse,
sob outra forma, que não se deve pagar o mal
com o mal; que o homem deve aceitar com humildade
tudo o que seja de molde a lhe abater o orgulho;
que maior glória lhe advém de ser ofendido
do que de ofender, de suportar pacientemente
uma injustiça do que de praticar alguma [...]*
ALLAN KARDEC
[O Evangelho segundo o espiritismo, cap. xii, item 8]

NA REUNIÃO VESPERTINA DO DIA 9 DE fevereiro de 1985, O Evangelho segundo o espiritismo ensejou-nos a lição do cap. xii, "Amai os vossos inimigos", na sua seção "Se alguém vos bater na face direita, apresentai-lhe também a outra".

Após os comentários habituais, proferidos por diversos irmãos, o nosso Chico solicitou a oportunidade de falar. Para nós outros, a sua palavra representa uma inestimável bênção, de vez que significa também a presença de Emmanuel enriquecendo os nossos estudos.

Atentos, passamos a ouvi-la com a alegria de sempre:

... apenas para lembrar um tópico de uma reunião em que estávamos presente.

Um inimigo, estando ao nosso lado na Terra, reencarnado, torna mais fácil a reconciliação... A propósito, lembrei-me de uma reunião a que compareci, na desobsessão.

Um amigo que estava influenciado por um desafeto espiritual, quase cruel – se pudéssemos adjetivá-lo –, acompanhou o diálogo desse Espírito que tomou o médium e começou a informar ao doutrinador que não dissesse nada sobre o perdão... Não perdoaria! Havia sofrido muito com aquele homem...

O doutrinador, com muita espontaneidade, disse:

— Mas você não se lembra, meu irmão, do que Jesus Cristo nos ensinou no *Evangelho*?!

— Eu li o *Evangelho* todo, conheço tudo muito bem, mas sofro no coração, na "carne", os golpes desse homem de quem eu não quero e não posso me desvencilhar...

E o diálogo prosseguia, com o doutrinador insistindo com extremado amor:

— Mas se você leu o *Evangelho*, você se lembra de Jesus ensinando-nos a oferecer o outro lado da face, quando esbofeteados...

O obsessor, com muita astúcia, respondeu:

— Jesus falou, de fato, que, se fôssemos espancados de um lado, oferecêssemos o outro, mas eu já apanhei dos dois lados...

O doutrinador continuou recomendando o perdão, a humildade, a paciência, mas ficou a pergunta na pequena assembleia:

— O Senhor deixou esse caso omisso? Mandou oferecer a outra face... se eu ofereci as duas e elas foram quebradas... Como faço agora?!...

Realmente, só com humildade, com amor, tolerando e renunciando, esquecendo-nos de nós mesmos, colocando o coração a serviço do bem para não termos tempo de procurar essas "tricas" nas letras do *Evangelho*, é que poderemos responder à indagação angustiante...

Para o materialista, este é um ponto difícil: apanhar e ficar quieto...

Só com muita oração mesmo, pedindo a Deus que nos fortaleça e esclareça, é que nos será possível *dar a face até que o espancador se canse...*

É um caso curioso, chega a ser quase cômico, mas é um problema que a pessoa pode nos trazer:

— Mas eu apanhei dos dois lados, e agora, o que faço?

A pergunta está rolando... Alguns amigos que compareceram a essa reunião, quando me encontram vão logo indagando:

— Como é que ficou o caso da pancada dos dois lados? [grifo nosso]

Meditando no perdão ilimitado, setenta vezes sete, quem sabe não estaria aí a resposta? *Perdoar infinitamente as infinitas agressões...*

De fato, existem pessoas, na Terra e no além, que perdem um tempo precioso tentando descobrir, como disse o Chico, "'tricas' nas letras do *Evangelho*"... Chegam ao absurdo de procurar apoio em Jesus para os seus desequilíbrios...

Distorcem os ensinamentos, manipulam-nos, interpretam-nos a sua maneira, tudo para não amar, não perdoar, não trabalhar, não se reformar interiormente...

Sim, com Espíritos tão arraigados à vingança, ao ódio e ao amor-próprio, para nós é bem melhor que os tenhamos no corpo, lado a lado conosco, como aqueles amigos e familiares-problemas...

Recebendo do alto os eflúvios salutares, edificados com a inestimável lição, a prece coroou as nossas atividades naquela tarde belíssima.

> **– O SENHOR MANDOU OFERECER A OUTRA FACE... SE EU OFERECI AS DUAS E ELAS FORAM QUEBRADAS... COMO FAÇO AGORA?!...**
>
> **REALMENTE, SÓ COM HUMILDADE, COM AMOR [...] COLOCANDO O CORAÇÃO A SERVIÇO DO BEM PARA NÃO TERMOS TEMPO DE PROCURAR ESSAS "TRICAS" NAS LETRAS DO EVANGELHO, É QUE PODEREMOS RESPONDER À INDAGAÇÃO ANGUSTIANTE...**
>
> **SÓ COM MUITA ORAÇÃO MESMO, PEDINDO A DEUS QUE NOS FORTALEÇA E ESCLAREÇA, É QUE NOS SERÁ POSSÍVEL DAR A FACE ATÉ QUE O ESPANCADOR SE CANSE...**

ALÍVIO PARA A MARCHA

> *Disse o Cristo: "Bem-aventurados os aflitos, pois que serão consolados." Mas como há de alguém sentir-se ditoso por sofrer, se não sabe por que sofre? O Espiritismo mostra a causa dos sofrimentos nas existências anteriores e na destinação da Terra, onde o homem expia o seu passado. Mostra o objetivo dos sofrimentos, apontando-os como crises salutares que produzem a cura e como meio de depuração que garante a felicidade nas existências futuras. O homem compreende que mereceu sofrer e acha justo o sofrimento. Sabe que este lhe auxilia o adiantamento e o aceita sem murmurar, como o obreiro aceita o trabalho que lhe assegurará o salário.*
>
> ALLAN KARDEC
> [*O Evangelho segundo o espiritismo*, cap. VI, item 4]

NO DIA 9 DE MARÇO DE 1985, OS COMENtários enfocaram o cap. VI, "O Cristo consolador", de *O Evangelho segundo o espiritismo*.

Vários irmãos teceram substanciosas considerações sobre o tema que o mundo espiritual escolhera para as nossas reflexões da tarde.

Eis alguns dos tópicos principais da fala dos companheiros que foram convidados ao mister da palavra:

– Jesus prometeu enviar o Consolador, que é o espiritismo.

– O espiritismo dá novo sentido às nossas vidas.

– Jesus nos dá força e coragem para a luta diária.

– O espiritismo é o restaurador do cristianismo.

– A necessidade da dor na escalada evolutiva.

– Devemos reagir contra a tristeza pelo trabalho no bem.

– As promessas de Jesus com relação à vida futura.

– Aprender a discernir, utilizando de modo conveniente o livre-arbítrio.

Quando o rodízio se completa, Chico pede permissão para transmitir uma pequena observação de Emmanuel, sempre presente aos nossos encontros no abacateiro:

É apenas uma frase que o nosso Emmanuel, presente, nos recomenda a atenção, quando Jesus disse: "Vinde a mim, todos vós que estais aflitos e sobrecarregados, que Eu vos aliviarei." É uma promessa que não envolve nenhum sentido de prodígio ou de suposto milagre. "Vinde a mim" – Ele não cogitou da procedência dos viajores; se eram bons, se eram maus querendo ficar bons, se eram meio bons... A marcha não ia parar... "Vinde a mim" – nada de colocar um ponto final em sua marcha própria... *Não prometeu também retirar a carga de ninguém, não prometeu nada, apenas alívio para continuarmos a marcha.* Aliviar para quê? Para continuar o serviço, para continuar a tarefa. Essa frase é muito importante para a nossa meditação. "Vinde a mim" – seja a nossa situação qual for, a de criaturas iniciantes no conhecimento do *Evangelho*, ou conhecendo muito, se já praticamos, ou não praticamos – a criatura deve se decidir a ir com Jesus... Ele prometeu apenas nos aliviar para continuarmos carregando o fardo que necessitamos em nosso próprio benefício.

É só o que o nosso Emmanuel nos solicitou dizer. [grifo nosso]

A lição, aclarada pela inspiração do benfeitor espiritual, nos fez sentir que o nossos fardos são as nossas bênçãos, que não devemos renunciar a eles, que a caminhada deve ser feita com eles sobre os ombros...

Pensemos nisso e não reclamemos tanto das dificuldades e das lutas.

"Vinde a mim" – o convite divino está formulado. A decisão pertence a cada um de nós.

**"VINDE A MIM" – NADA
DE COLOCAR UM PONTO FINAL
EM SUA MARCHA PRÓPRIA...**

**"VINDE A MIM" – SEJA
A NOSSA SITUAÇÃO QUAL FOR,
A DE CRIATURAS INICIANTES NO
CONHECIMENTO DO EVANGELHO,
OU CONHECENDO MUITO,
SE JÁ PRATICAMOS, OU NÃO
PRATICAMOS – A CRIATURA DEVE
SE DECIDIR A IR COM JESUS...**

**ELE PROMETEU APENAS
NOS ALIVIAR PARA CONTINUARMOS
CARREGANDO O FARDO QUE
NECESSITAMOS EM NOSSO
PRÓPRIO BENEFÍCIO.**

A CÓLERA

O orgulho vos induz a julgar-vos mais do que sois; a não suportardes uma comparação que vos possa rebaixar; a vos considerardes, ao contrário, tão acima dos vossos irmãos, quer em espírito, quer em posição social, quer mesmo em vantagens pessoais, que o menor paralelo vos irrita e aborrece. Que sucede então? Entregai-vos à cólera.
UM ESPÍRITO PROTETOR
[*O Evangelho segundo o espiritismo*, cap. IX, item 9]

SEMPRE TEMOS MUITO O QUE APRENDER com Emmanuel, através de Chico Xavier.

A cada sábado percebemos que os amigos que comparecem às reuniões no abacateiro são outros; companheiros de outros estados, de cidades distantes. A cada semana, portanto, temos um público novo.

De preferência, Emmanuel recomenda ao Chico um trecho do cap. V, "Bem-aventurados os aflitos", de *O Evangelho segundo o espiritismo*. Explica-se porque: excetuando-se alguns poucos que vêm a Uberaba, MG, para rever e abraçar o médium amigo, a grande maioria aqui aporta tangida pelo sofrimento. São pais em busca de uma mensagem do filho querido que partiu; cônjuges saudosos dos companheiros que demandaram o mais além; jovens desesperados às portas do suicídio; irmãos desenganados pela ciência médica... E é justamente no referido capítulo de

O Evangelho segundo o espiritismo que o espiritismo ressalta a sua função de Consolador Prometido.

No entanto, mesmo com a inevitável repetição de temas, aos sábados, quando participa dos comentários, Emmanuel sempre aborda o assunto por um prisma diferente, levando-nos a refletir em profundidade. Foi o que aconteceu, por exemplo, numa das reuniões do ano de 1985 em que o incansável benfeitor teceu considerações sobre "A cólera", mensagem inserta no cap. IX, "Bem-aventurados os que são brandos e pacíficos", do livro-luz:

> Emmanuel nos afirma que se fôssemos às penitenciárias, às casas de detenção, aos sanatórios, a fim de se fazer enquetes dos motivos que levaram aqueles internos à criminalidade, verificaríamos que 80% deles foram vítimas da cólera.
>
> A cólera é tão perigosa quanto a loucura e o delírio. Ela nos retira o próprio raciocínio, elimina as condições adquiridas retornando-nos à animalidade...
>
> Quando somos desafiados por qualquer pessoa, temos reações negativas, ficamos cegos e cometemos delitos graves. Se pudéssemos ouvir os desencarnados nos vales dos suicidas, dos homicidas, teríamos a mesma resposta, lamentando o momento que perderam o controle de si mesmos...
>
> Um amigo japonês, escutando uma preleção sobre a cólera, nos contou o ensinamento de um psicólogo do seu país que nos convidou a lembrar da hidrofobia, que é contagiosa, quando estivermos dominados pela cólera. A cólera é também contagiosa e atinge até pessoas em paz consigo mesmas. [...] Devemos fazer o máximo de

silêncio e não responder, para que a cólera não continue conosco, e devemos recorrer à oração que vence as reações negativas que levam ao suicídio e à delinquência.

[...] Geralmente são as pessoas queridas que cultivam o hábito da cólera. Se nós, pela oração, dentro de casa, não conseguimos afastá-la de nós, aí então devemos ir ao templo religioso e *pedir a Deus para nos fazer calar o coração contra reações criminosas. Mas se ainda não conseguimos, se ainda nos sentimos feridos na nossa vaidade pessoal, o que chamamos de "brios", depois de tentar a oração em casa e no templo, devemos buscar imediatamente um hospital e pedir internação por uns dois a quatro dias, para não fazer qualquer bobagem...* Nessa fase já estamos mesmo é precisando de um tratamento intensivo, pois não há dinheiro no mundo que pague crime algum cometido...

Peçamos a Deus que nos ajude a ouvir com muita calma qualquer injúria para não chegarmos a pedir uma internação imediata. [grifo nosso]

Quando o Chico terminou a preleção, ficamos a meditar: quantos companheiros ali, entre aquelas centenas de pessoas, não estariam alimentando n'alma algum sentimento de cólera? Quantos não buscaram o amparo do mundo espiritual, ali, no abacateiro, lutando contra ideias de suicídio ou homicídio? Sim, quantos não retiraram do coração, ouvindo as palavras abençoadas do Chico, terríveis fardos, "fantasmas" que os perturbavam? Impossível dizer. Sabemos apenas que a lição evangélica, como sempre, funcionou por precioso medicamento.

E ao repartirmos os pães e as balas, o dinheiro e o agasalho, com os nossos irmãos do bairro, ainda ouvíamos na acústica da memória: "A cólera é tomada para a obsessão…" Quantos dramas seculares se forjam na invigilância de um minuto?

Procurai a origem desses acessos de *demência passageira* que vos assemelham aos animais, fazendo-vos perder o sangue-frio e a razão; procurai e encontrareis, quase sempre, por base, o orgulho ferido. [grifo nosso]

Sim, a estrada da ascensão é estreita, mas a da descida é larga…

A CÓLERA É TÃO PERIGOSA QUANTO A LOUCURA E O DELÍRIO. ELA NOS RETIRA O PRÓPRIO RACIOCÍNIO, ELIMINA AS CONDIÇÕES ADQUIRIDAS RETORNANDO-NOS À ANIMALIDADE…

A CÓLERA É CONTAGIOSA E ATINGE ATÉ PESSOAS EM PAZ CONSIGO MESMAS. [...] DEVEMOS FAZER O MÁXIMO DE SILÊNCIO E NÃO RESPONDER, PARA QUE A CÓLERA NÃO CONTINUE CONOSCO, E DEVEMOS RECORRER À ORAÇÃO QUE VENCE AS REAÇÕES NEGATIVAS QUE LEVAM AO SUICÍDIO E À DELINQUÊNCIA.

QUEDA PELA INTELIGÊNCIA

Que vos direi dos mundos de expiações que já não saibais, pois basta observeis o em que habitais? A superioridade da inteligência, em grande número dos seus habitantes, indica que a Terra não é um mundo primitivo, destinado à encarnação dos Espíritos que acabaram de sair das mãos do Criador. As qualidades inatas que eles trazem consigo constituem a prova de que já viveram e realizaram certo progresso. Mas também os numerosos vícios a que se mostram propensos constituem o índice de grande imperfeição moral.

SANTO AGOSTINHO
[*O Evangelho segundo o espiritismo*, cap. III, item 13]

NO DIA 7 DE SETEMBRO DE 1985, O NOSso querido Chico se mostrava muito bem-disposto, alegre. Como sempre acontece, caravanas de várias cidades do Brasil se faziam presentes à nossa singela reunião. *O Evangelho segundo o espiritismo* convida-nos a meditar sobre o cap. III, na seção "Mundos de expiações e de provas".

Dada a palavra ao nosso Chico, ouvimos dele a belíssima preleção que transcrevemos abaixo em seus pontos principais:

Apenas um lembrete do nosso Emmanuel. Leiamos:

"A superioridade da inteligência, em grande número dos seus habitantes, indica que a Terra não é um mundo primitivo, destinado à encarnação dos Espíritos que acabaram de sair das mãos do Criador."

O nosso Emmanuel nos pede a atenção sobre este tópico: "a superioridade da inteligência". O texto não nos diz a superioridade sentimental, ou mesmo espiritual... Não diz grandes corações. O texto diz "superioridade da inteligência". É preciso discernir isso porque nós somos uma comunidade muito grande de Espíritos misturados uns com os outros. As maiores cabeças nem sempre são aquelas capazes de nos guiar para o bem. Temos inteligências interessadas no conflito mundial, na formação de aparelhos e engenhos de destruição, que não são criados pelos grandes corações nem pelas almas grandes na bondade e no amor pelos semelhantes. São geralmente criados por homens e mulheres que se isolam da comunidade para estudar o melhor meio de destruir... Esses companheiros são grandes pela inteligência, mas pelo sentimento ainda são muito pequenos. Não compreendem a dor do próximo, não compreendem os irmãos em penúria. Se formos falar na doação disso ou daquilo em favor dos sofredores, no nosso país ou em outros, se formos conversar com esses gênios a respeito de uma renovação – eles nos julgam crianças... Se não riem no nosso rosto, é porque ainda têm a "maneirosidade"... Temos que suportar as grandes inteligências; o termo é mesmo suportar. São eles que nos levam à guerra. O chamado míssil não foi formado pelo coração de mãe, de pai... São grandes inteligências [...] Se nos perguntarem se queremos a paz, ou a guerra, respondemos imediatamente que queremos a paz, a alegria, não queremos atacar ninguém, queremos viver pela Vontade de Deus, não queremos os tóxicos... Cada um ponha o seu discernimento em ação e vamos observar que essas grandes inteligências não cresceram num mundo simples como o nosso; vieram de outras esferas, mas são carecedores de amparo espiritual. Muitos voltam para os lugares de penúria [depois da desencarnação] por não saber aproveitar o laboratório, a faculdade de nível superior... Renascem depois com as doenças congênitas, com as mutilações que procedem do berço, para ver se essas inteligências acordam para o bem.

[...] Esses Espíritos que chegam de planos adiantados pela inteligência chegam até nós como grandes flagelos... Se uma dessas inteligências chegar, por exemplo, à cidade de Uberaba [MG], a administração a louvará, haverá discursos... Mas vamos perguntar – que bem essas pessoas estão fazendo? Muitos estarão fazendo alguma coisa, é verdade; muitos auxiliam as instituições, mas na maioria das vezes essas criaturas que nos merecem muito respeito e consideração, muitas vezes estão "acompanhadas", querem saber qual o melhor meio de destruir...

Não é gente de grande coração que vem à Terra para nos auxiliar – eles servem ao mal, são grandes cérebros... Auxiliam, mas provocam milhares de mortos... Temos grandes generais, cientistas, professores, mulheres... A mulher é uma filha privilegiada por Deus, pelos dotes de inteligência e sensibilidade, mas a bomba atômica teve como colaboradora uma das maiores mulheres de grande inteligência. Em Hiroxima setenta mil pessoas foram mortas em dez minutos! Alguém aprova isso? Ninguém, seja qual for a nação... Nós queremos a vida simples. O santarronismo não deve estar em nossas atitudes... Mas devemos querer alguém que nos conforte, nos ajude. Podemos observar que a coletividade humana nesta hora do mundo está sendo basicamente tocada no coração. A inteligência quis um grande metrô em São Paulo – ele está pronto; no Rio – ele está pronto... Mas as provações mais dolorosas que nos visitam agora são provações que nos atingem o cerne da alma. É a desintegração de núcleos preciosos, como sendo a família. Programas de televisão – grande realização da inteligência, mas às vezes observamos a intenção sutil do autor para a desintegração do lar, viciação dos mais jovens, dos corações que querem a vida simples...

Não queremos ser santos, mas queremos viver uma vida de paz uns com os outros. E temos que procurar isso com os grandes corações. O computador é um prodígio da inteligência, mas quem vai se lembrar de pedir a ele uma esmola, um auxílio a um robô? Não é nessa linha que vamos atingir os fins de Jesus – é no estudo, no amor, no respeito, na preservação da família... Temos que ter muito cuidado para entregar um filho ou uma filha a determinado instituto... Não sabemos que tipo de criatura voltará para a nossa casa. Outros vão para o exterior, voltam deturpados, com os vícios, toxicômanos, ideias de superioridade, paranoicos, quase loucos, quando não estão loucos. Estamos todos misturados. Tem muita gente de alta inteligência, mas não querem construir a nossa felicidade. Jesus é o verdadeiro arquiteto da nossa felicidade, se fizermos o que Ele nos ensinou... Aquele que mais servir terá mais mérito. Servidor é o que limpa chão, vai ajudar uma criança perdida, uma mãe desditosa. Essa pessoa que ama o serviço, que não reclama é que será considerada maior. Sejamos úteis em qualquer lugar.

Deve e precisa movimentar a criatura essa capacidade; depois de trabalhar 6, 8 horas por dia, ainda restam 16...

As grandes inteligências promovem greves; o grande coração não nos ensina a violência... O nosso coração se regozija quando evitamos a queda de alguém, retirando do asfalto uma simples casca de banana. A grande inteligência acha que isso deve ser feito pelo gari. Ora, por que não podemos fazer?! A alta inteligência quer reverência, homenagens, e depois entra para a sala de experiências para saber a melhor maneira de destruir, com exceção daqueles que entram nos laboratórios para estudar a melhor maneira de produzir a vacina – essas altas inteligências, realmente altas. Mas talvez que dois terços dessas inteligências nos guiem para o mal... Vamos esperar que a misericórdia divina tenha compaixão de nós, esperar que essas altas inteligências descubram um caminho de reconciliação, já não dizemos de paz... Precisamos discernir para não estarmos criando para nós e para aqueles que nos amam verdadeiros labirintos de perturbação mental... É o que Emmanuel nos diz sobre o texto.

[...] *Quem cai pelo coração, o sofrimento é tanto que redime.* Quem cai pela inteligência – vejamos o exemplo da entidade demoníaca do texto bíblico, que não é tão simbólico quanto parece – não se sente caído... [grifo nosso] ∎∎∎

AS MAIORES CABEÇAS NEM SEMPRE SÃO AQUELAS CAPAZES DE NOS GUIAR PARA O BEM. TEMOS INTELIGÊNCIAS INTERESSADAS NO CONFLITO MUNDIAL, NA FORMAÇÃO DE APARELHOS E ENGENHOS DE DESTRUIÇÃO, QUE NÃO SÃO CRIADOS PELOS GRANDES CORAÇÕES NEM PELAS ALMAS GRANDES NA BONDADE E NO AMOR PELOS SEMELHANTES.

ESSES COMPANHEIROS SÃO GRANDES PELA INTELIGÊNCIA, MAS PELO SENTIMENTO AINDA SÃO MUITO PEQUENOS.

QUEM CAI PELO CORAÇÃO, O SOFRIMENTO É TANTO QUE REDIME. QUEM CAI PELA INTELIGÊNCIA NÃO SE SENTE CAÍDO...

CHICO

GOSTARIA DE ME SENTAR COM CADA UM PARA CONVERSAR SOBRE AS NOSSAS TAREFAS...

...

AQUELES QUE CAMINHAM ABRINDO ROTEIRO PARA O FUTURO DA 3.ª REVELAÇÃO TÊM QUE SANGRAR OS PÉS.

...

ACHO QUE O TRABALHO É UM DEVER, E EU TENHO TENTADO CUMPRIR COM O MEU DEVER.

XAVIER

SOU APENAS UM PEQUENINO
SERVIDOR QUE SE SENTE FELIZ
À MESA DE NOSSAS PRECES PARA
O CUMPRIMENTO DE UM DEVER
QUE CONSIDERO SAGRADO.

...

POR MUITO QUE SE DÊ
AO TRABALHO DO BEM, A GENTE
NUNCA DÁ O QUE DEVIA E EU NÃO
DEI TANTO TEMPO ASSIM...

...

ESTAMOS NADANDO NO AMOR DOS
AMIGOS, E ESSE AMOR NOS DÁ TUDO.

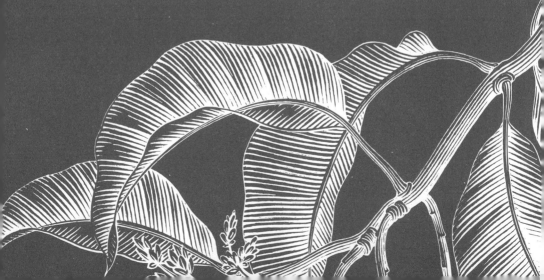

ÍNDICE

NÚMEROS
37 zeros 211
37 *zeros!* 210
1980
  sábado 16
1981
  sábado 20, 24
  março
    28 28
  abril
    11 34
    18 40
  junho
    13 46
  agosto
    29 50
  setembro
    19 54
1982
  sábado 64
  janeiro
    9 58
  fevereiro 70
    13 74
  março
    13 80
    27 86
  abril
    17 90
  maio
    5 96
    22 102
    29 108
  julho
    31 112

  agosto
    21 118
  setembro
    11 124
  novembro
    20 128
    30 134
1983
  janeiro
    15 138
    22 144
  fevereiro
    5 148
  março
    26 152
  abril
    30 158
  julho
    9 162
  outubro
    3 168
  novembro
    12 174
  dezembro
    24 180
1984
  janeiro
    28 184
  fevereiro
    18 190
    25 196
  março
    31 200
  abril
    14 206
    28 210

junho
   2 **214**
   16 **222**
   30 **226**
julho
   14 **230**
agosto
   13 **236**
setembro
   15 **242**
outubro
   20 **248**
1985
  sábado **264**
  janeiro
   12 **252**
  fevereiro
   9 **256**
  março
   9 **260**
  setembro
   7 **268**
1986
  janeiro
   10 **14**

A
abacateiro **14, 16**
Abadia **181**
aceitação **145**
acerto
  inspiração do alto **233**
"A cólera" **265**
A cólera **264**
acordo íntimo **51**
*A cruz de ferro
e a cruz de palha* **162**
acumulação **43**
acúmulo de posses **93**

Adette **211**
adolescente
  fichado na polícia **150**
África **60**
agressor
  conciliação **186**
  convivência **186**
  familiar **186**
aguentar calado **157**
alegria
  mesclada de sofrimento **223**
A lição da chuva **28**
Alívio para a marcha **260**
**alívio para continuar
a marcha** **261**
Allan Kardec **16, 20, 24, 28, 34,
58, 67, 70, 80, 88, 92, 96, 102, 103,
112, 118, 124, 134, 138, 144, 148, 158,
159, 168, 172, 174, 180, 184, 200, 206,
210, 214, 216, 226, 248, 252, 256, 260**
  aniversário **168**
  desencarnação **200**
  dores precordiais **201**
  esposa **201**
  legado **201**
  primeira livraria espírita **201**
  vida de trabalho **201**
Alma gêmea **40**
Alphonsus de Guimaraens **35**
Altiva Noronha **36**
amar, não ser amado **113**
amar o próximo **96, 118**
**"Amar o próximo como a si
mesmo"** **58, 97, 118, 128, 200**
ambição **215**
amigo **191**
  paciência **191**
  paciência conosco **191**
amigo alterado **120**

278 | 279

Amigo alterado 118
amigos da onça 160
amor
à natureza 154
ao próximo 64
aos animais 155
ciência 113
família 140
imortal 188
natureza 70
amor ao serviço 272
amor-próprio 114
André Luiz 56, 118
animal doméstico
jugo forte 189
"A paciência" 46
apanhar dos dois lados 258
"A parentela corporal
e a parentela espiritual" 148
aprender a amar
objetivo da vinda à Terra 113
aprendiz 227
Apresentação 14
Araras, SP 75, 222
arenga 218
Ariston Santana Teles 91
assistência
necessidade 141
Atlântico 67
Augusto dos Anjos 71
Aurora 36
autismo 21
médium 21
recomendação
de Chico Xavier 22
suicídio 22
autoeducação 171
autoevangelizar-se 65

automóvel
brigas 149
facilidade 149
aval inconsequente 233

B

Baccelli 15, 67, 201
admiração a Chico Xavier 56
registro das preleções
de Chico Xavier 14
Bartolomeu dos Mártires 218
Bélgica 202
bem
força para fazer 146
não custa preço 176
"Bem-aventurados os aflitos" 264
"Bem-aventurados
os pobres de espírito" 108
"Bem-aventurados os que são
brandos e pacíficos" 214
"Bem-aventurados os que são
misericordiosos" 112, 206, 243
"Bem-aventurados os que se
afligem pelos outros" 237
"Bem-aventurados os que
têm puro o coração" 210
"Bem e mal sofrer" 41
bênçãos e dores 162
bens
angústia 215
da Terra 214
para viver 215
do céu 214
terrestres 217
Bezerra 56
esclarecimentos ao
homem vingativo 207
Bíblia 192
boa vontade 145

Braga, Portugal 218
Brasil 217, 246, 268
  ambição 217
  conhecimento evangélico 60
  dívidas 217
  movimento espírita 243
burro
  aposentado 157
  perdão 157
  risada 156
"Buscai e achareis" 29, 102
buscar mais gasolina 207

C

**Cadeia Pública
de Uberaba, MG** 97
Caio Ramacciotti 35
calamidades 180
calma 168
**Câmara Municipal
de Casa Branca, SP** 17
câncer 52
Canuto de Abreu 204
capital verdadeiro 149
caridade 58, 98, 200
  criança abandonada 86
  doação material 165
  doutrina de Moisés 141
  paciência 165
Carlos Baccelli *ver* **Baccelli**
carnaval
  antigo 217
  consequências 218
  custo 218
Casa Branca, SP 17
casa de detenção 265

casa espírita
  multiplicidade de problemas 254
Centro Espírita Batuíra 109
centros de energia 171
cérebro
  acima das demais faculdades 109
cérebro e coração
  necessidade 109
Cérebro e coração 108
céu aberto 92
Céu aberto 90
chamado à confraternização 129
Chico Xavier 14, 15, 16, 20, 24, 28,
34, 40, 50, 54, 58, 64, 70, 74, 80, 86, 91,
96, 103, 108, 113, 118, 125, 128, 134, 138,
144, 149, 158, 163, 168, 175, 180, 184, 190,
196, 200, 206, 210, 214, 222, 226, 230,
236, 242, 248, 252, 256, 261, 264, 268
  37 zeros 212
  acesso à charrete 155
  adolescente 66
  ajoelhado 194
  almoxarife da repartição 155
  altamente remunerado 239
  amigo alterado 120
  amigo corpo 120
  amor aos animais 72
  amor dos amigos 239
  amor pela natureza 72
  angina 193
  animais de estimação 22
  aniversário 152
    comportamento 35
    importância 37
  aposentado 239
  bailarina espanhola 182
  burro Maquinista 156

cão sujo e malcheiroso 152
cartas de amor 66
chefe 155, 212
chefe envergonhado 212
choro 17
comportamento
com os assistidos 18
concurso no Rio de Janeiro 212
correio 193
crédito entre os espíritas 56
crise 239
definição de Herculano Pires 57
descontração 52, 100, 193, 210, 212
desculpas pela ausência 120
desencarnação 210
diálogo com os Espíritos
durante o culto 35, 41
dificuldades orgânicas 239
dinheiro 22
doação de dinheiro 147
doação de Natal 181
doente 193
dor terrível 194
falta de tempo para os amigos 41
folia de reis 181
humildade 17, 36, 222, 238, 253
    trabalho 103
humor 121
incompreensão
sobre a multidão 112
infalibilidade 56
interesse na reencarnação 22
intimidade com Emmanuel 18
leitura 238
lenço vermelho 182
mais tempo para o trabalho 238
médium 56
mediunidade 18, 237
mérito dos Espíritos 56
não leva elogios para casa 237
Natal 183

palmas para um doente 128
pequeno servidor 223
pouco dinheiro sobrando 220
preleções 14
produção literária 238
rapaz com hidrocefalia 181
"Se eu for chamado,
pego a mochila" 210
sob a luz das estrelas 183
tarefa mediúnica 22
tempo disponível 238
título de cidadão de
Casa Branca, SP 17
trabalho com
os Espíritos amigos 238
trabalho do bem 237
traço de treva 239
verde 194
visita do diretor do DASP 212
Chico Xavier
à luz das estrelas 180
Chico Xavier
à sombra do abacateiro
    origem 14
choque
    de costumes 250
    de família 250
chuva
    lição 30
cidade 51
    periferia sofredora 141
ciência da paz 53
Ciência da paz 50
ciência da vida 139
Ciência da vida 138
ciência ecológica 154
ciências psicológicas 139
cimento de união 245
Cimento de união 242
cobiça 215

Codificador 168, 201

cólera 265

  brio 266

  calar o coração

    reações criminosas 266

  contagiosa 265

  hidrofobia 265

  oração

    casa 266

    templo religioso 266

  pedir internação 266

  perigo 265

  tomada para obsessão 267

comoção excessiva 170

comodismo espiritual 42

competição 149

comportamento mínimo 198

Compreender e trabalhar 158

Comunhão Espírita Cristã 71

conflito de gerações 251

conforto 42

consciência da falta 228

Consolador 261

Consolador Prometido 265

contentar-se com o pão 223

contentar-se com o que tem 222

conviver 52

coração

  governo da vida 110

  incorporação da vida 110

  queda 110, 273

  super importância 110

coragem

  ausência 249

  diante dos problemas 170

coragem moral 138

corpo espiritual 171

covardia moral 138

criança

  abandonada pelos pais 89

  abandono

    televisão 149

  abastada 88

  amor 61

  ausência de carinho 88

  calma 139

  capital verdadeiro 149

  carente 141

  crimes 88

  delinquente 61

  distribuição de alimentos 87

  educação 59, 140, 150

    momento de início 150

  educação da criança do vizinho 150

  educação no lar 139

  enviada à escola muito cedo 139

  excepcional 188

  irresponsável

    ensino a pensar em Deus 150

  liberdade nociva 139

  paciência 139

  pais que trabalham fora 140

  penúria 88

  televisão 88, 149

  vidas passadas 88

crime 59, 65

  inspirado na tv 150

criminoso 65

crise

  Brasil 217

  resposta 170

Cristo *ver* Jesus

Cristo aplicado 58

crítica 191

cruz 134
  inventada 93
  Jesus 93
  pessoal 93, 135
cruz de ferro 164
cruz de palha 164
culto evangélico
com Chico Xavier
  acesso a todos 130
  "Bem-aventurados os aflitos"
    razão do capítulo
    recorrente 264
  cão sujo e malcheiroso 152
  composição 28
  escolha de temas 35
  local 20, 34
    limitações 92
  sistema de comentários 25, 29
culto no abacateiro *ver* culto
evangélico com Chico Xavier
cura pela oração 187
Curitiba, PR 28, 103
curso
  de espiritismo 65
  de médium 65

D

da manteiga em diante 223
Da manteiga em diante 222
dar a face 258
DASP 212
Decálogo 70
decepção 248
Delfino 109
delinquência 60
  juvenil 59
  surto no Japão 59

demência passageira 267
Departamento de
Evangelização da Criança
  Aliança Municipal Espírita
  de Uberaba, MG 98
desapego
  condições inferiores 198
desastre
  geral 180
  particular 180
descer das ideias religiosas 231
desculpar os amigos 244
desejo
  de posse 216
  exagerado 223
    bem material 223
    felicidade afetiva 223
desemprego 104
desencarnação 114
  crédito e débito 145
  inesperada 94
desequilíbrio mental 250
desespero 125
desgraça 105
desintegração da família 271
desobsessão 257
Desobsessão 76
desperdício
  força espiritual 224
  tempo 224
desprendimento 94, 223
destaque
  econômico 217
  social 217
destino
  liberdade 115

Deus
  crescer sem **62**
  criação de Adão e Eva
    sem descanso **193**
  dádivas **82**
dever **177**
  amor e caridade **174**
dever de caridade **203**
Dever de caridade **200**
dever de ser útil **105**
Dever de ser útil **102**
Diabo **219**
diálogo **151**
dinheiro
  ausência **161**
discernimento e sentimento
  necessidade **109**
dividir um pouco do pouco **186**
Djalvo **81**
doação de coração e tempo **104**
doença **52**
  do espírito
    remédio **227**
  indolor **227**
  no corpo **227**
  no espírito **227**
  pensamento desequilibrado **84**
Doença do espírito não dói **226**
dois irmãos e a pureza
ver **lenda hindu**
dor **46**
doutrina de caridade **202**
doutrinador **257**

doutrina espírita
  abandono **192**
  auxílio, não crítica **160**
  desafios **160**
  grande empresa **253**
  livre expressão **244**
  material de serviço **160**
  origem **61**
  reuniões elitistas **48**
dr. Bezerra *ver* **Bezerra**
druidas **71, 171**
Duílio Lena Bérni **75**

E

ecologia **155**
educação
  começo **140**
  para viver **217**
egoísmo **96, 196**
Elba **97, 109**
Elenir **102**
elitismo **48**
emagrecer **93**
Emmanuel **14, 15, 17, 25, 29, 37, 40, 47, 50, 55, 58, 65, 76, 82, 86, 92, 102, 103, 109, 113, 125, 131, 134, 141, 144, 148, 153, 158, 162, 169, 175, 185, 196, 206, 211, 215, 227, 231, 237, 249, 253, 256, 261, 264, 269**
  primeira aparição **71**
emoção desvairada **170**
empresa de Jesus **253**
encarcerado
  comiseração **186**
ensino religioso **140**
Erasto **9, 236**
erros dos outros **207**
escapismo **231**

escola
certificado de competência 113
para casamento 218
para maternidade 218
para viver 218

esforço
grande pela essência 254

Esforço e essência 252

esperança 34, 37

espírita
antagonismo 244
bom caminho 9
cimento de união 245
compreender e trabalhar 159
convivência na instituição 245
imprensa 245
inimigo íntimo 245
irmão necessitado de socorro 159
liberdade de opinião 245
livre discussão
faculdade 244
livre opinião
faculdade 244
minoria 245
necessidade de ser
mais amigo 245
obrigação de compreender 160
pedir trabalho na doutrina 253
perseverança 160
preço muito alto 159
trabalho 161
trabalho sem espírito
de antagonismo 161

espiritismo 261
acomodação 254
alfinetados constantemente 254
chamados 9
desbravadores 66
hostilidade 66
trabalho constante 254

espírito
de aceitação 82
de caridade 98
de rebeldia 82
de resistência 170
de vingança 207

Espírito
planos adiantados
pela inteligência 270
qualidades 145

Espírito Agostinho
ver **Santo Agostinho**

**Espírito Alphonsus de
Guimaraens** *ver* **Alphonsus
de Guimaraens**

Espírito André Luiz
ver **André Luiz**

Espírito Augusto dos Anjos
ver **Augusto dos Anjos**

Espírito Bezerra *ver* **Bezerra**

Espírito dr. Bezerra *ver* **Bezerra**

Espírito Emmanuel
ver **Emmanuel**

Espírito Erasto *ver* **Erasto**

Espírito Fénelon *ver* **Fénelon**

Espírito Ferdinando
ver **Ferdinando**

Espírito Humberto de Campos
ver **Humberto de Campos**

Espírito Irmão X *ver* **Irmão X**

Espírito Isabel de França
ver **Isabel de França**

Espírito Jair Presente
ver **Jair Presente**

Espírito José Russo *ver* **José Russo**

Espírito Lacordaire
ver **Lacordaire**

Espírito Lázaro *ver* **Lázaro**

Espírito Maria Dolores
ver **Maria Dolores**

Espírito Neio Lúcio *ver* **Neio Lúcio**

Espírito Paulo *ver* **Paulo**

Espírito Sanson *ver* **Sanson**

Espírito Santo Agostinho
ver **Santo Agostinho**

Espírito São Luiz 67

Espírito Simeão *ver* **Simeão**

Espírito Verdade 109, 172

espiritualidade
confiança 182

estória *ver* **história**

"eu" ferido 83

Eurípedes 94, 111, 112, 166,
172, 181, 193, 200, 240, 246

Evangelho 47, 50, 92, 109, 135,
183, 192, 236, 244, 253, 257
doença do espírito
medicamento 227
iniciante ou conhecedor 261
praticante ou não praticante 261

excesso
alimentação 154
de dinheiro 216
de poder 216

Excesso de conforto 40

existência não é um feriado 172

experiência terrestre 146

F

facilidade 30, 42
convite à ausência
do trabalho 149

família 249
dissolução 250
laços 148
primeira oficina 113
relacionamento 249
respeito mútuo 250
suportar 250
tempestade 140

familiar
aprendizado 113
tratado como visita 114

fantasia 223

Fantástico 28

fardo leve 174

Fator esperança 34

fé ativa e criativa 254

FEB 16

febre 125

febre-desespero 125

Febre-desespero 124

fé e resignação
balanço 159

felicidade 42
amigo feliz 78
dar sem ter 55
de um adversário 76
do outro
diferente do que desejamos 76
importância da felicidade
dos outros 78
respeito aos outros 78
universal 77

Fénelon 222

Ferdinando 108

Fernando Worm 236

filho
diferente 151
educação
cuidado com as instituições 271
lei do jugo leve 187
pais que dão tudo 150

filhos do Calvário 18, 72, 183

Flávia 17

força para fazer o bem 146

Força para fazer o bem 144

Formiga 47

fortes e fracos 48

França 88, 202

Franca, SP 81

Francisco Cândido Xavier
ver Chico Xavier

Francisco de Assis 71, 91

franqueza 52

fraternidade 83, 96, 200

Frei Bartolomeu
ver Bartolomeu dos Mártires

Fundação Marieta Gaio 75

fundo da cozinha 201

futebol 94
   gasto 217

futuro
   cópia de erros e acertos 146

G

Gaby 201
   desvelo por Kardec 202
   inauguração da livraria
   espírita 203

Gálias 71

Ganges 26

Gasparetto 29

George Ritchie 91

gesto de amor 83

Getúlio Vargas 212

ginástica 93

Goiânia, GO 97, 109

gota
   de tempo, de esforço,
   de dinheiro 141

governo
   controle de rendimentos 215

grande ofensa
   perdão 165

grandes corações 271

grandes inteligências
   interesse nos conflitos,
   na destruição 269
   origem 270
   suportar 269

grandes provas 55

gratidão 83

Grupo do IDEAL 108, 144

grupo espírita
   os que chegam primeiro 160

Grupo Espírita da Prece
20, 31, 64, 84, 239

Guillon Ribeiro 16

Guiomar Albanesi 129

H

hábito
   mudança 198

Há dois mil anos 25

Herculano Pires 57

Hiroxima 271

história

a construção da catedral
em Portugal **218**

a lenda hindu **25**

a moça abastada que se renovou
com a doutrina espírita **197**

a ovelha e o pastor **125**

as duas senhoras e o orador **99**

Frei Bartolomeu dos Mártires **218**

Kardec e Gaby **201**

o aprendiz desejoso
de reforma **227**

o burro Maquinista **156**

o homem que emprestou
dois cheques **232**

o homem que não perdoava
e queria matar outro **207**

o homem que queria
falar com Chico **193**

o jumento na guerra **121**

o obsessor e a outra face **257**

o pássaro e o incêndio
na floresta **141**

o perdão da senhora
casada e com filhos **115**

os 37 zeros **212**

homem público **217**

homicídio **216**

Hospital do Pênfigo **40**

Humberto de Campos **227**

humildade **16**

com os amigos **191**

I

IDE **75**

IDEAL – **Instituto de Divulgação
Editora André Luiz** **108**

ideia

do mal **210**

materialista **138**

igualdade absoluta **48**

ilusão **223**

imortal **188**

imperfeições **98**

impostos **215**

incredulidade **138**

indiferença espiritual **227**

indulgência **199**

inércia espiritual **83**

influência perniciosa **114**

infortúnio oculto **182**

infraestrutura **37**

Inglaterra **215**

inimigo **191**

paciência **192**

reconciliação **257**

injúria

calma **266**

**Instituto de Divulgação Editora
André Luiz** – **IDEAL** **118**

instrumento de provação **84**

instrutor **227**

inteligência **108**

escapismo **231**

queda **110, 273**

recursos **153**

superioridade **268**

inteligência e coração

progresso **113**

ir e pregar **236**

Irmão X **93, 97**

Isabel de França **200**

J

Jair Presente **135**

Japão **59**

jerico **121**

Jericó **230**

Jerusalém 230, 231

Jesus 14, 16, 24, 46, 50, 74, 76, 109, 119, 124, 125, 129, 135, 154, 166, 171, 174, 180, 184, 191, 206, 218, 219, 223, 230, 236, 253, 256, 257, 260, 261
  afastamento do caminho 126
  aplicado na vida 61
  céu aberto 92
  crucificado
    apresentado de frente 135
  cruz 135, 164
    propriedade única 93
  empresa 253
  ensinamentos
    liberdade de interpretação 191
  ensino do amor 92
  ensinos 92
  fins 271
  guerras 61
  jugo 185
  lei de amor e caridade 176
  meta 244
  multiplicação dos pães 47
  outro lado da cruz 135
  perdão 52
  promessa de alívio, não de cura 125
  túnica 232
  união no amor 129
  verdadeiro arquiteto da felicidade 272
  vinde a mim 261

Jesus Cristo *ver* **Jesus**

joalheiro 197

João Batista 70

João Evangelista 71

João Monlevade, MG 30

José Luiz 119

José Russo 84

José Thomaz *ver* **Thomaz**

Judas 119

jugo
  da civilização 175
  de Cristo 177, 185
  de Deus 187
  de Jesus 177
  do amor 185
  do mundo 177
  forte 187, 188
    origem 188
  forte ao leve
    ponte 189
  leis 175
  leve 187
  observância da lei 174
  pesado 187
  suave 174, 187

juiz
  tomar o lugar 208

jumento 121, 156

Jundiaí, SP 102

K

Kardec *ver* **Allan Kardec**

L

Lacordaire 40

lamentação
  ausência de motivo 104

Langerton 29

lar
  grande problema da atualidade 149

Lar da Caridade 40

Largando a pregação 96

largar a pregação 99

Lavoisier 81

Lázaro 128

LEAL 15

lei
de amor 187
de burilamento 185
de causa e efeito 187
para o bem 255
de Deus 185
de talião 186
do jugo 185
do progresso 28
do trabalho 28, 252

lenda hindu 25

levita 231

liberdade
excesso 251

lição da vida
não aproveitamento 77

Lições de Chico 64

limite
necessário 225
supérfluo 225

Lindemberg 67

Lineu 103

Lívia 25, 40

livraria espírita
primeira 201
inauguração 201

livre-arbítrio 191

loucura 158, 169

Lucas, 10:25–37 230

lucidez
discernimento do
bem e do mal 153

Luiz Gonzaga 66
centro espírita
fundação 67

Luiz Simões Lopes 212

luta 40
serenidade 170

M

Madre Teresa de Calcutá 142

mãe-natureza 72

Mãe-natureza 70

mahatma 25

maioridade 115

mal 210
crônico 228
em nós 211
pessoa que pratica 208
prova 211

Mamon 90

maneirosidade 269

manteiga
símbolo 224
supérfluo 224

Maquinista 156

Marcelo 103

Márcia 29, 36, 75, 80, 91, 119, 129, 135, 145, 149, 162

Maria Célia 75

Maria Dolores 97

Maria Eunice de Souza Meirelles Luchesi 80

Maria Júlia 196

Marilene Paranhos Silva 46, 93, 97, 109, 119, 129, 144

Marlene Rossi Severino Nobre 65, 103, 197

Mata do Carrinho 20, 145, 180, 240

materialismo 139

Mateus, 11:28–30 124, 174

meditação 51

mediunidade
estagnada 192

meio de destruição 269

menino *ver* criança

mente 217

Mestre Nazareno 89

mexer conosco 99

Minas Gerais 207

Ministério da Agricultura 155, 212

Ministério do Trabalho 120

misericórdia 112, 113, 161, 190
 família 113

Moisés 70, 141

Monteiro Lobato 91

mordomia
 condição 216
 desperdício 216

Mordomia 214

morte
 dever a cumprir 203
 do corpo 187
 escape 187

"Motivos de resignação" 25

Múcio 109

mulher 271

mundo
 não terminado 192

mundo de expiação 268

N

nadar no amor dos amigos 239

Nadar no amor dos amigos 236

**"Não se pode servir a
Deus e a Mamon"** 90

**não sofremos para
ser vencidos** 250

*Não sofremos
para ser vencidos* 248

Natal 180
 matança animal 154

natureza 70
 amor 70
 face do perdão de Deus 153
 poupança 154
 templo 72

necessidade 216

necessidade de ser útil 130

Necessidade de ser útil 128

necessitado verdadeiro 232

Neda Goulart 190

Neio Lúcio 97

nota zero 212

O

o bem e o mal
 batalha íntima 211

obrigação 177

obsessão 52

obsessor 257

obsessor pacífico 120

o choro de Chico 17

O choro de Chico 16

"O Cristo consolador"
124, 174, 184, 252, 260

ódio 206

O Evangelho segundo o espiritismo
cap. II
  item 5 **20**
cap. III
  item 13 **268**
  seção "Mundos de expiações
  e de provas" **268**
cap. IX
  item 5 **214**
  item 7 **46, 50, 74, 162, 190**
  item 9 **264**
  seção "A paciência" **50, 74, 190**
cap. V
  item 8 **144**
  item 12 **24, 80**
  item 13 **226**
  item 14 **158, 168, 248**
  item 15 **34**
  item 16 **138**
  item 18 **40**
  item 23 **222**
  "Motivos de resignação" **226**
  seção "Motivos de
  resignação" **80**
  seção "O suicídio e
  a loucura" **168**
cap. VI
  item 1 **174**
  item 2 **124, 174, 184**
  item 4 **260**
cap. VII
  item 2 **16**
  item 13 **108**
cap. VIII
  item 7 **210**
cap. X
  item 4 **112, 206**
  item 14 **152**
  item 15 **190, 242**
  item 17 **199**
  seção "Perdão das ofensas" **152**

cap. XI
  item 4 **58, 96, 118**
  item 8 **128**
  item 10 **64**
  item 11 **196**
  item 14 **200**
cap. XII
  item 8 **256**
cap. XIII
  item 4 **180**
  item 18 **86**
cap. XIV **54**
  item 8 **148**
  item 9 **54**
cap. XV
  item 2 **230**
  "Parábola do bom
  samaritano" **230**
cap. XVI
  item 12 **90**
cap. XX
  item 4 **9, 236**
cap. XXIV
  item 19 **134**
cap. XXV
  item 2 **28**
  item 3 **102**
  item 4 **252**
  importância do acesso **134**
Introdução
  seção IV
    item XVI **70**
ofensa 112, 228
  esquecimento **206**
  resposta **185**
oferecer a outra face 257
oficina da misericórdia 113
Oficina da misericórdia **112**
**o grande problema
da atualidade 149**

*O grande problema
da atualidade* 148

"O irmão do caminho" 97

o jugo do mundo
e o jugo de Cristo 177

*O jugo do mundo
e o jugo do cristo* 174

"O jugo leve" 124

O jugo leve e o jugo forte 184

O livro dos Espíritos 40, 225
  ensinamentos do amor 92
  lançamento 91

o lugar do juiz 208

O lugar do juiz 206

O outro lado
  mensagem 136

O outro lado da cruz 134

o outro lado da face 257

"O que me interessa na Terra?" 22

O que me interessa na Terra? 20

oração 51
  cólera
    casa 266
    templo religioso 266
  cura 187
  dominical 223

órfão 86

Órfãos do amor 86

orgulho 16, 264
  ferido 267

Orlando Moreno 108, 118

"Os órfãos" 86

"Os tormentos voluntários" 222

"O suicídio e a loucura"
35, 138, 158, 248

P

paciência 34, 37, 50, 51,
52, 74, 138, 162, 165, 193
  com os amigos 191
  coração 83
  evitar dores 82
  falta
    felicidade dos familiares 77
  felicidade dos outros 76
  grandes coisas 140
  mudança de comportamento 198
  pequenas coisas 140
  quantidade
    com inimigos
    e com amigos 192
  treino 140

*Paciência com a felicidade
dos outros* 74

pagar o mal com o mal 256

pais
  primeiros professores 139

palavra
  valor 67

pão
  de amanhã 224
  de cada dia 224
  espiritual 134
  necessário 224
  nosso 223

Pará 104

"Parábola do bom
samaritano" 230

para viver 215

Paris, França 54, 91, 201

pássaro
  gotas de água para o incêndio 141

passar recibo 51

Paulo 242

Paulo e Estêvão 212

pedidos
  ao alto 146
  do alto 146
Pedro 93
Pedro Leopoldo, MG 66, 81, 115, 207, 212, 232
Peirópolis [Uberaba, MG] 29
penitenciária 265
pensar no mínimo 198
Pensar no mínimo 196
penúria
  problema familiar 88
pequena alfinetada 163
pequeno traumatismo diário 36
perda do corpo físico 129
perdão 52, 113, 152, 153, 206, 242
  animais 153
  animais enganados 154
  animais maltratados 153
  aos amigos 191
  aos inimigos 190
  caridade 165
  consciente 114
  diante do inimigo 84
  família 113
  força geradora de paciência 191
  instrumentos de sofrimento 190
  obsessor 257
  para si próprio 190
  prova de amizade 191
  setenta vezes sete cada ofensa 116
  tolerância da providência divina 153
Perdão da natureza 152
perdoar infinitamente 258
perdoar os amigos 191
Perdoar os amigos 190
perigo
  casa do vizinho 141

perspicácia contra o mal 233
pessoa imperfeita 192
pobre perante Deus 216
pobres mais pobres 40
Poços de Caldas, MG 141
poder
  anseio 217
Portugal 219
posse
  problema 225
possessividade 217
poverello 72, 91
preciso de gasolina 208
preocupação
  desnecessária 93
preparo
  desafios 140
Presença espírita 15
pressa 51
pressão dos acontecimentos 164
primeiro templo do homem 70
problema
  imunológico 169
  pequeno 164
  social 60
Pronto socorro 50
protesto 77
prova 54, 226
  ligação às leis de Deus 55
provação
  cerne da alma 271
prova grande
  suportar 163
prova pequena
  não suportar 163
psicologia materialista 61
psicólogo 61
Públio Lentulus 17, 25

pureza 25
purgatório 114

Q

queda pela inteligência 60
Queda pela inteligência 268
quem cai pela inteligência 273
quem cai pelo coração 273

R

rancor 206
razão
  importância 110
  inspiração para atitudes e
  vigilância dos pensamentos 109
razão e ideal
  necessidade 109
reação 51
receber na "esportiva" 98
reclamações 82
**reclamar menos,
auxiliar mais** 146
recurso
  administrar bem 216
reencarnação 250
  problema com o filho 151
  problemas 249
  proveito 146
reformatório 59
regime de desprendimento 93
Rei da França 67
reino inferior
  impropriedade do termo 155
relacionamento familiar 249
remédio espiritual 228
remorso 208
resignação 24, 25, 138, 168, 227

ressentimento 208, 228
reunião
  aberta 48
  ao ar livre 130
    cristãos 47
    finalidade 134
    razão 70
  elitista 48
  espírita
    liberdade 130
  fechada 48
  plano espiritual
    afins 130
  plano material
    precede plano espiritual 130
reunião no abacateiro *ver* **culto
evangélico com Chico Xavier**
revés 248
Revista espírita 201
revolta 145
rico 188
  perante Deus 216
Rio de Janeiro 99
Rio de Janeiro, RJ 28, 75, 212, 271
Rio Grande do Sul 75
riqueza
  imoderação 90
  necessário 42
Rivail 200
Rolando Ramacciotti 35, 87
Roma, Itália 121
Roque Jacinto 103
Rubens Germinhasi 109, 144

S

saber 108
sacerdote 231
Salvador, BA 15

Salvador Gentile 75, 222

samaritano 231

sanatório 265
 falta de paciência 77

Sanson 64

Santa Catarina 87
 problema da criança 88

Santa Rita do Passo-Quatro, SP 87

Santo Agostinho 54, 268

Santos, SP 118, 190

São Bernardo do
Campo, SP 35, 87, 141

São Luiz Gonzaga 67

São Paulo 31, 271

São Paulo, SP 109

"Se alguém vos bater na
face direita, apresentai-lhe
também a outra" 256

seca 30

se muleta for asa,
eu estou voando 171

*Se muleta for asa,
eu estou voando* 168

senhoras espíritas
 distribuição de leite 87

sentimento e intelecto
 homem na Terra 110

sequestro 216

serenidade 51

ser feliz 224

Sérgio 104

ser humano primitivo
 liberdade 175

Sermão da montanha 47, 92

ser útil
 necessidade 130

serviço
 queixa 159

servidor 272

Sílvia 104

símbolo da doutrina 92

Simeão 152

Sinai 70

Sobradinho, DF 91

sofisticação
 dificuldade 94

Sofrer sem mostrar sofrimento 54

sofrimento 24, 184, 260
 análise pelo coração 233
 análise pelo intelecto 233
 atual
  padecimentos futuros 82
 cão 126
 causa 250
 dos outros 55
 felicidade 80
 intuição 233
 libertação 55
 objetivo 250
 postura para vencer 55
 tocado no coração 234

Sofrimento e felicidade 80

somos todos irmãos 48

Somos todos irmãos 46

Sônia Barsante 98, 119, 129, 162

Spartaco Ghilardi 109

Spartacus 164

status 223
 busca 104
 necessidade 94

suicídio 138, 169, 171, 249
 cólera 266
 consequências 82
 deserção 172
 falta de paciência 77
 indireto 83, 171
 lento 83
 viver sem amor e caridade 177

supérfluo
pode se tornar necessário **224**
superioridade da inteligência **269**

T

Tânia **97, 119, 218**
televisão **150**
desintegração do lar **271**
viciação dos mais jovens **271**
tempo
bem aplicado **94**
concorrido **51**
falta **60**
perdido **149**
tendência **146**
tentação **211**
Terezinha **182**
Terezinha Pousa **91, 97, 119, 129, 162**
tesouro da comunidade **217**
teste de resistência **211**
Thomaz **28, 35, 90, 96,
108, 118, 128, 144, 162**
tocados no coração **234**
Tocados no coração **230**
tolerância **51, 83**
entre espíritas **245**
tóxico **150**
toxicomania **249**
trabalhar e esperar **27**
trabalhar e servir **130**

trabalho **102**
dificuldades **30**
humildade **105**
para viver **216**
perdido **149**
rendimento conforme
o empenho **224**
servidores do corpo **104**
servidores espirituais **104**
**transformar os pães
em pedras** **219**
tratamento para alma **228**
tribulação **144**
clima de escola **146**
tribulação-problema **135**
tricas **258**
Tricas do Evangelho **256**
turismo **218**
tutor da sociedade **216**
TV **Globo** **28**
TV **Record** **74**

U

Uberaba, MG **15, 20, 28, 36, 40, 46,
67, 71, 90, 98, 138, 144, 181, 264, 270**
uma lenda hindu **25**
Uma lenda hindu **24**
Um Espírito Amigo **46,
50, 74, 162, 190**
Um Espírito Familiar **86**
Um Espírito Protetor **90, 264**
união de recursos **87**

V

vacina 169
vacinar o coração 186
vampirização 146
velhaco diferente
de necessitado 234
velório da própria filha
   palavras de um pai 81
Venezuela 75
vestibular de promoção
espiritual 55
vício 16
vicissitude 158, 249
   coragem de suportar 159
vida
   corpórea 20, 226
   direito de escolher 145
   espiritual 20, 226
   futura 20
   insatisfação 217
   livrar-se 187
   planeta de pouso 171
   primitiva 175
   terrena 20
vida do próximo
   extinguir 208

Vila dos Pássaros-Pretos 28
vinde a mim 124, 174, 261
vingança 207
violência 84, 209, 216
   dureza dos corações 186
virtude 16
Vivaldo 193
viver espiritualmente 171
Voltar do amanhã 91
vontade 54

W

Weaker Batista 17, 28, 34, 41, 50,
74, 86, 92, 98, 103, 109, 119, 139, 148, 169,
182, 190, 200, 214, 236, 243, 248, 253

X

xavante 65

Y

Yvonne Pereira 125

Z

Zíbia Gasparetto 29
Zilda Rosin 36, 75, 193

© 1986–2023 *by* EDITORA IDEAL

DIRETOR GERAL
Ricardo Pinfildi

DIRETOR EDITORIAL
Ary Dourado

CONSELHO EDITORIAL
Ary Dourado, Ricardo Pinfildi, Rubens Silvestre

DIREITOS AUTORAIS
Grupo de Ideal Espírita André Luiz
CNPJ 64 724 180/0003–07   IE 109 465 275 119
Rua Lord Cockrane, 594 – Ipiranga
04 213-002 São Paulo SP
11 2274 3000   www.editoraideal.com.br

DIREITOS DE EDIÇÃO
Editora InterVidas [Organizações Candeia Ltda.]
CNPJ 03 784 317/0001–54   IE 260 136 150 118
Rua Minas Gerais, 1520 Vila Rodrigues
15 801–280 Catanduva SP
17 3524 9801   www.intervidas.com

DADOS INTERNACIONAIS DE CATALOGAÇÃO NA PUBLICAÇÃO
[CIP BRASIL]

B116c

BACCELLI, Carlos [*1952]
Chico Xavier à sombra do abacateiro
Carlos Baccelli, Chico Xavier e Emmanuel [Espírito]
Catanduva, SP: InterVidas, 2023

304 pp. ; 15,7 x 22,5 x 1,6 cm ; il.

ISBN 978 85 60960 29 3

1. Evangelho   2. Espiritismo   3. Reflexões   4. Comportamento
5. Mediunidade   6. Xavier, Francisco Cândido, 1910–2002
I. Xavier, Francisco Cândido, 1910–2002   II. Emmanuel (Espírito)   III. Título

CDD 133.9   CDU 133.7

ÍNDICE PARA CATÁLOGO SISTEMÁTICO
1. Evangelho : Espiritismo : Mediunidade 133.9

EDIÇÕES
Ideal
1ª edição, 1986 – 9ª edição, 2018: 35 mil exs.

InterVidas
1ª edição, 1ª tiragem, Ago/2023, 5 mil exs.

Impresso no Brasil   *Printed in Brazil*   *Presita en Brazilo*

COLOFÃO

TÍTULO
Chico Xavier à sombra do abacateiro

AUTORIA
Carlos Baccelli, Chico Xavier
e Emmanuel [Espírito]

EDIÇÃO
1ª edição

EDITORA
InterVidas [Catanduva SP]

ISBN
978 85 60960 29 3

PÁGINAS
304

TAMANHO MIOLO
15,5 x 22,5 cm

TAMANHO CAPA
15,7 x 22,5 x 1,6 cm [orelhas 9 cm]

CAPA
Ary Dourado

REVISÃO
Ary Dourado

ÍNDICE
Ary Dourado

PROJETO GRÁFICO & DIAGRAMAÇÃO
Ary Dourado

TIPOGRAFIA CAPA
[YDS] Eveleth Regular
[YDS] Eveleth Clean Regular

TIPOGRAFIA TEXTO PRINCIPAL
[Linotype] Sabon Next Regular 12,5/16,1

TIPOGRAFIA TÍTULO
[YDS] Eveleth Regular 22/26, 48/48, 15/18

TIPOGRAFIA EPÍGRAFE
[Linotype] Sabon Next Demi Italic 11/16,1

TIPOGRAFIA CITAÇÃO
[FontFont] FF Meta Variable
Book 11,5/16,1

TIPOGRAFIA NOTA DE RODAPÉ
[Linotype] Sabon Next Regular 11,5/16,1

TIPOGRAFIA OLHO
[YDS] Eveleth Regular 12,5/16,1

TIPOGRAFIA DADOS
[Linotype] Sabon Next Demi 9/11

TIPOGRAFIA COLOFÃO
[Linotype] Sabon Next Demi 8/10

Ótimos livros podem mudar o mundo.
Livros impressos em papel certificado FSC® de fato o mudam.

TIPOGRAFIA FÓLIO
[YDS] Eveleth Regular 9/9

MANCHA
103,3 x 162,5 mm 29 linhas
[sem fólio]

MARGENS
17,2 : 25 : 34,4 : 37,5 mm
[interna : superior : externa : inferior]

COMPOSIÇÃO
Adobe InDesign CC 18.3 x64 [Windows 10]

PAPEL MIOLO
ofsete Sylvamo Chambril Book 75 g/m²

PAPEL CAPA
cartão Eagle Plus High Bulk GC1 250 g/m²

CORES MIOLO
1 x 1 cor : Pantone 2427 U

CORES CAPA
4 x 1 cores : CMYK x Pantone 2427 U

TINTA MIOLO
Toyo

TINTA CAPA
Toyo UV

PRÉ-IMPRESSÃO CTP
Platesetter Kodak Trendsetter 800 III

PROVAS MIOLO
RICOH Pro C5100s

PROVAS CAPA
Canon IPF 6400

IMPRESSÃO
processo ofsete

IMPRESSÃO MIOLO
Heidelberg Speedmaster SM 102-8

IMPRESSÃO CAPA
Komori Lithrone S29

ACABAMENTO MIOLO
cadernos de 32 e 16 pp.,
costurados e colados

ACABAMENTO CAPA
brochura com orelhas,
laminação BOPP fosco,
verniz UV brilho com reserva

PRÉ-IMPRESSOR E IMPRESSOR
Lis Gráfica e Editora [Guarulhos, SP]

TIRAGEM
5 mil exemplares

TIRAGEM ACUMULADA
40 mil exemplares

PRODUÇÃO
agosto de 2023

 intervidas.com intervidas editoraintervidas